청소년들의 진로와 직업 탐색을 위한
잡프러포즈 시리즈 15

담대하다면 소방관

담대하다면

소방관

김용환 · 이성숙 지음

성공한 사람이 아니라
가치 있는 사람이 되기 위해 힘쓰라.

– 알버트 아인슈타인 Albert Einstein –

난 위험에 대해 그리 많이 생각하지 않는다.
난 그저 내가 하고 싶은 것을 할 뿐이다.
앞으로 나아가야 한다면, 나아가면 된다.

- 릴리언 카터 Lillian Carter -

C·O·N·T·E·N·T·S

C·O·N·T·E·N·T·S

propose!

국민의 생명을 지킨다는 자부심으로 오늘도 30Kg의 보호
장비를 착용하고 화재 현장을 누비는 우리는 대한민국
소방관이에요. 다치거나 순직할 때 최하위의 처우를
받으면서도 화마와 싸우고 인명을 구조하고자 애쓰는 뜨거운
마음은 소방관이 되었다고 해서 곧바로 생기진 않아요. 참혹한
현장을 누비며 생명의 소중함을 깨닫고, 때로 기적 같은
희망을 보는 삶은 살아있음을 감사하게 하며 약자에게 기꺼이
손을 내밀게 만들어줘요. 수많은 현장을 누빌수록 그런 마음은
더욱 단단해져요. 더불어 반복된 교육과 훈련은 소방관의 눈이

위험에 빠진 사람을 찾아내게 하고, 귀는 작은 신음 소리도 들을 수 있게 하며, 손은 멈췄던 심장을 깨우게 하고, 발은 위험으로부터 신속하게 대피할 수 있도록 해줘요.

우리 소방관들은 급변하는 사고 현장을 수습하며 극도로 흥분하고 공포에 사로잡힌 사람들을 통제하기 위해 냉철한 판단력과 강인한 정신력이 필요해요. 오늘도 강인한 정신으로 무장한 채 촌각을 다투는 현장으로 달려가 타인의 손을 잡아주는 이유는 이 일이 우리에게 무한한 자긍심과 보람을 주기 때문이에요. 그래서 매 순간 격렬하게 타오르는 불꽃 속에서도 나와 동료 그리고 나를 지켜주는 신을 믿고 소중한 사람들의 생명과 재산을 지키기 위해 최선을 다하며 진정한 삶의 가치가 무엇인지 깨닫고 있죠. 매일이 보람과 긍지로 충만한 직업, 소방관! 우리는 이 가슴 벅찬 직업을 여러분에게 프러포즈해요. 미래의 소방관을 꿈! 꾸시나요? 꿈꾸세요. 꿈은 꿈을 가진 사람만이 이룰 수 있으니까요.

소방관의 기도

미국 캔사스주 위치타소방서
A.W. Smokey Linn

신이시여, 제가 부름을 받을 때에는 아무리 뜨거운 화염
속에서도 한 생명을 구할 수 있는 힘을 주소서.

너무 늦기 전에 어린아이를 감싸 안을 수 있게 하시고
공포에 떠는 노인을 구하게 하소서.

언제나 집중하여 가냘픈 외침까지도 들을 수 있게 하시고
빠르고 효율적으로 화재를 진압하게 하소서.

저의 임무를 충실히 수행케 하시고 제가 최선을 다 할 수
있게 하시어 모든 이웃의 생명을 보호하게 하소서.

그리고 신의 뜻에 따라 제 목숨이 다하게 되거든
신의 은총으로 제 아내와 가족을 돌보아주소서.

첫인사

토크쇼 편집자 – 편

소방관 김용환 – 김

소방관 이성숙 – 이

📧 먼저 자기소개를 부탁드려요.

📧 저는 서울 동대문소방서에서 화재진압 업무를 담당하고 있는 소방관 김용환이에요. 지방에서 법학과를 졸업하고 소방 공무원 9급 공채시험에 합격해 그동안 화재진압, 인명구조, 구급 업무 등을 하며 소방대원으로 근무했어요.

📧 저는 성수동 재난본부, 종로소방서를 거쳐 현재 소방행정 과 홍보교육팀에서 교육을 담당하고 있는 소방장 이성숙이라 고 해요.

편 이 일을 하신지는 얼마나 되셨나요?

김 2001년부터 이 일을 했으니 이제 1월이면 17년이 돼요.

이 2002년 5월에 들어왔으니 15년 차 정도 됐네요. 중간에 아이를 출산하면서 육아휴직으로 2년 6개월 정도 쉬었고요.

편 소방관이라는 직업을 선택한 이유가 있나요?

김 1994년 KBS에서 방송됐던 〈긴급구조 119〉라는 프로그램을 봤어요. 수많은 재난 현장에서 도움을 필요로 하는 사람들

을 위해 몸을 아끼지 않고 최선을 다해 희생하는 소방관들이 멋져 보였고, 보람 있는 직업이라고 생각해 관심을 가지게 되었죠.

이 저는 원래 미대 진학을 준비 중이었어요. 그러던 어느 날 텔레비전에서 삼풍백화점 붕괴 소식을 접하게 되었죠. 사실 그때까지 좋은 것만 보며 큰 어려움 없이 살았는데, 그곳에서 사람들을 구조하는 소방관과 구조대원들의 모습을 보면서 마음이 많이 흔들렸어요. 재난상황을 보고 안타까워만 하는 것이 아니라 누군가를 구하기 위해 애쓰는 일을 한다면 정말 보람 있겠다는 생각을 했죠.

그런 생각을 하며 지내던 중 사생대회에서 간신히 입선을 했어요. 1등을 한 친구 작품 옆에 제 그림을 걸어놔서 비교하며 보게 됐는데, 그때 이 길은 내 길이 아니란 생각이 강하게 들었죠. 그림이란 게 잘 되는 날이 있다가도 슬럼프에 빠지기도 하거든요. 알면서도 기복을 극복하는 게 쉽지 않았어요. 그러다 삼풍백화점 붕괴사고를 떠올리며 봉사도 하면서 급여도 받는 직업에는 뭐가 있을지 고민했죠. 결국 대학교 원서를 쓸 때 세 번을 고쳐서 응급구조과에 지원하게 되었어요.

편 미술을 포기하기가 쉽지 않았을 텐데요.

이 그 일을 후회하지는 않아요. 아이를 가지면서 태교한다고 그림을 그리러 다녔는데, 그것만으로도 만족스럽고요. 그림을 그리는 사람은 붓을 꺾어도 다시 붓을 잡는다고 하는데, 사는 게 너무 바빠서 그런지 다시 그림을 그리고 싶다는 생각은 안 들어요. 이젠 보는 게 좋더라고요. 하지만 가끔 너무 힘들 때나 소방서에 전시되어 있는 구조장면 사진들을 볼 때면 '예쁜 것만 보고 살아도 짧은 인생인데, 난 왜 이렇게 힘한 장면들만 보면서 살아야 하지?'라는 생각이 들기도 해요.

편 갑자기 진로를 변경했을 때 부모님의 반대는 없었나요?

이 엄마는 항상 긍정적인 분이시라 제가 이 일도 잘 해낼 거라 믿으셨어요. 아버지가 교정공무원이셨는데, 어떤 공무원이든 월급은 적어도 안정적이라 좋다고 항상 말씀하셨고요.

편 소방관을 꿈꾸는 학생들이 많을 것 같아요. 이 직업을 프러포즈하는 이유는 뭔가요?

이 소방관은 육체적으로나 정신적으로 강한 사람만 될 수 있다는 편견을 깨고 싶어요. 소방관은 불쌍한 사람이라는 이미지도 개선해보고 싶고요. 각종 뉴스에서 소방관은 박봉에 시달리며 열악한 환경에서 힘들게 일하는 불쌍한 모습으로 비춰지고 있잖아요. 물론 어려운 점도 있지만 그 모습이 다는 아니에요. 소방관이야말로 사회에 봉사하며 급여도 받는 정말 좋은 직업이라고 생각하거든요. 그런 이면을 알려드리고 싶어요.

또 소방이라는 것은 화재를 진압하는 일 외에도 다양한 분야가 있는데, 그 부분도 소개하고 싶어요. 구조대원이나 구급대원도 있고 저처럼 아이들을 교육시키는 분야나 예방 분야도 있죠. 각 건물의 소방시설을 점검하는 일도 있고요. 이런 다양한 분야가 있으니 불을 끄는 것은 너무 위험해서 소방관은 되고 싶지 않다는 사람이 있다면 고정관념에서 벗어났으면 해요. 그래서 많은 인재들이 소방 업무에 관심을 가지면 좋겠네요.

김 소방관이라고 하면 흔히들 불이나 끄고, 개나 고양이를 잡으러 다니는 사람들로 생각해요. 저희가 하는 일이 그렇게 제한적이지는 않은데 말이에요. 소방관이 하는 다양한 업무 등 일반 사람들이 잘 모르는 소방관의 세계를 소개하고 싶어요. 우리가 텔레비전이나 영화에서 봤던 영웅적인 모습의 소방관이 아니라 직업인으로서의 소방관을 소개하고, 화재 현장이나 구조 현장에서의 긴박했던 경험을 들려주고 싶어요.

소방관이란

f i r e f i g h t e r

소방관이라는 직업에 대해 소개해주세요.

📱 소방이란 무엇인가요?

📱 소방은 한자로 사라질 소消, 막을 방防자를 써요. 불을 끄고 재난을 막는다는 뜻으로 '소방 방재'를 줄인 말이죠.

📱 우리가 아는 소방관은 불만 끄지 않잖아요?

📱 맞아요. 소방관이 하는 일은 매우 다양해요. 소방관은 화재를 진압하는 일 외에도 인명을 구조하고 생명이 위급한 사람을 병원으로 데려가는 구급대 역할도 해요. 또한 각 건물의 소방시설을 점검하고 시민들에게 안전교육을 하는 업무도 맡고 있죠.

📱 소방관이라는 직업에 대해 소개해주세요.

📱 한마디로 이야기하면, 화재 현장을 돌아다니며 불을 끄고 불이나 재해 등이 다시 일어나지 않도록 막는 일을 하는 공무원을 말해요. 넓은 의미의 소방관에는 소방공무원뿐만 아니라 대기업이나 공항 등에서 일하는 화재대응팀도 포함돼요. 주로 화재를 예방하고 경계하며 화재 발생 시에는 화재를 진압하

고, 다른 재해가 발생했을 때도 적극적으로 나서서 국민의 재산과 신체를 보호하고 있죠. 군인이나 경찰처럼 자신의 목숨을 걸고 국민들의 생명을 지키기 위해 헌신하는 사람들이 바로 소방관이에요.

소방관은 언제 처음 생겨났나요?

편 언제부터 소방 활동이 시작되었고 어떻게 발전해 나갔는지 궁금해요.

김 인간이 불을 사용하게 되면서부터 화재는 항상 큰 골칫거리였어요. 그래서 불을 끄는 것이 생명과 재산을 지키는 중요한 임무였죠. 소방에 대한 기록은 로마 시대부터 있었어요. 당시에는 아직 소방대가 있지 않아서 불이 나면 사람들이 모여 양동이로 물을 날라 끄고 주변 건물을 부수어 더는 불이 번져 나가지 못하도록 하는 수준이었죠. 그러다가 로마 황제 아우구스투스가 화재를 진압하는 방화제도를 만들면서 국가적인 소방의 역사가 시작되었어요.

1966년 영국 런던에서 대화재가 발생했어요. 이 일로 5일간 도시 면적의 5분의 4에 해당하는 1만 3,000채의 집이 불에 탔고, 수만 명의 사람들이 집을 잃고 노숙자가 되었어요. 이 일을 계기로 영국에서 본격적인 소방대가 만들어졌죠.

편 끔찍한 대화재가 교훈이 되어 소방대가 만들어졌네요. 우리나라의 소방 역사는 어떻게 되나요?

이 삼국사기에 따르면 문무왕 때 세 차례의 화재가 발생했대요. 그 기록을 근거로 그때 방화에 대한 개념이 생겨난 것으로 추론하고 있죠. 고려시대에 와서는 금화제도라는 소방제도가 마련되었어요. 각 관아의 관리에게 화재를 예방할 책임을 부여한 뒤 화재가 발생하면 관리를 면직시켰죠. 화재의 원인을 조사한 뒤 민간인이 불을 냈다면 화재 발생 장소에 따라 차등해 벌을 주기도 했고요.

편 금화제도란 어떤 것이었나요?

김 금화제도는 주로 화재를 예방하는 제도였어요. 민간이나 관리들이 실수로 불을 냈을 때는 처벌하고, 각 관아에 화재를 감시하는 관리자를 두어 수시로 점검하도록 했죠. 또한 불이 나기 쉬운 초가지붕을 기와로 바꾸고 건물도 보수하는 시설 개선 작업도 했고요.

편 소방관은 언제 처음 생겨났나요?

김 조선시대에 이르자 최초의 소방 전문조직인 금화도감이 설치되었어요. 소방대원의 명칭도 시대를 거치면서 금화군, 멸화군 등 다양한 이름으로 불렸어요. 그러다가 1884년에 갑오개혁으로 인해 경찰 업무를 맡는 경무청이 만들어지면서 경무청이 소방 업무도 맡게 되었죠. 1895년 근대 소방 시스템을 도입하면서 처음으로 '소방'이란 단어를 사용했어요. 일제강점기에는 서울 시내 경찰관서에 소방관을 배치했고, 1925년에는 최초의 소방서인 경성소방소가 만들어졌죠. 2004년에 소방방재청이 설립되어 국가 재난 관리 및 소방 업무를 보았으나, 2014년 세월호 참사의 여파로 해체되어 국민안전처로 편입되었다가 현재는 소방청으로 분리되어 전국 4만8천 명의 소방공무원들이 근무하고 있어요.

소방관은 어떤 일을 하나요?

편 소방관은 어떤 일을 하나요?

김 소방관이 하는 일에는 불을 끄는 화재진압, 사람을 구하는 인명구조, 응급처치를 하고 환자를 이송하는 구급대가 있어요. 그밖에도 시민들의 안전의식을 높이기 위해 안전교육을 하고 있으며, 건물과 시설물의 소방시설이 제대로 갖춰졌는지 점검해요. 해외에서 대형 재난이 발생했을 때는 국제 구조 활동도 하고요.

📧 인명구조에도 여러 가지 분야가 있잖아요.

🔲 인명구조 분야에는 산에서 조난당한 사람을 구하는 산악구조대, 물에 빠진 사람을 구하는 수난구조대, 유독물질이 유출되었을 때 출동하는 화학구조대, 고속도로에서 사고가 났을 때 출동하는 고속도로구조대, 그리고 하늘에서 구조를 돕는 소방항공대가 있어요.

📧 119 신고를 하면 어떤 과정을 거쳐 출동하게 되나요?

🔲 예전에는 해당 지역 소방서로 신고를 했지만 현재 서울의

경우 남산에 있는 서울종합방재센터에서 모든 신고 전화를 받아요. 신고 접수를 일원화해서 접수와 출동 등 소방 활동 상황을 통합으로 관리하고 있죠.

119 신고를 하는 순간 신고자의 위치가 GIS라고 하는 지리정보시스템지리적 자료를 수집, 관리, 분석할 수 있는 정보시스템에 의해 확인돼요. 접수대원은 신고를 접수하면서 동시에 출동할 지역 소방서에 연락을 보내요. 연락을 받은 소방대원들은 즉시 신고 장소로 출동하고요. 출동 상황은 계속 서울종합방재센터로 보고되기 때문에 진척 상황을 한눈에 알 수 있죠. 또한 출동하는 동안 위성을 이용한 내비게이션과 무전기를 통해 현장 상황을

공유하기 때문에 입체적인 현장 지휘와 사고 대응에 최선을
다할 수 있어요.

편 소방관의 업무를 구체적으로 알고 싶어요.

김 여러분들이 잘 알고 있듯이 소방관은 화재를 진압하는 일
을 해요. 더불어 사전에 예방하는 활동도 하고요. 건물의 소방
시설을 점검하고 예방 계획을 세우며 홍보 활동도 하죠. 태풍
이나, 홍수, 건물 붕괴, 가스 폭발 등 각종 재난상황이 발생한

경우 출동해 인명을 구조하고 재산을 보호하는 일도 소방관의 업무 중 하나예요. 화재 예방과 진압이라는 전통적 업무에서 긴급구조 및 구급출동으로 점차 업무 영역이 확대되어 지금은 국가의 모든 안전사고를 담당하고 있어요.

소방관은 담당 업무에 따라 내근과 외근으로 나누어져요. 행정 업무를 하는 내근이 있고, 현장 활동을 주로 하는 외근 소방관이 있죠. 내근을 하는 소방관은 소방방재청, 소방본부, 소방서에 근무하면서 일반 행정 분야, 구조·구급행정 분야, 화재 예방 분야에서 일하고 있어요. 구체적으로 일반 행정 처리 및 현장부서 업무 지원, 소방홍보 업무, 건축 및 다중이용업소의 인허가, 건축물의 소방검사, 위험물 지도 감독 등의 업무를 하죠. 외근을 하는 소방관은 현장 활동요원이라 불리며 담당 업무에 따라 화재진압요원, 구조요원, 구급요원으로 나누어져요.

이 화재진압요원은 각종 화재와 사건사고 발생 시 신고와 동시에 현장에 출동해 화재를 진압하거나 인명을 구조하는 역할을 해요. 평소에는 주요 인명피해가 우려되는 취약대상의 현장 적응훈련 및 자료조사, 실전 가상전술훈련 등을 실시하거나 각

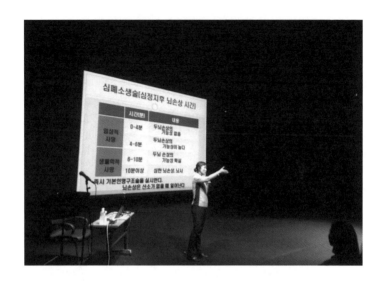

종 장비 등을 정비하고 용수 공급에 차질이 없도록 만전을 기하고 있고요. 구조요원은 화재나 교통사고와 같은 사고 발생시 화재진압요원과 동시에 출동해 인명을 구조하는 역할을 하고 있어요. 화재 현장은 물론 구조요원들만의 특수하고 전문적인 기술을 요하는 교통사고 현장, 산악이나 내수면에서 발생하는 사건사고 현장에도 출동하고 있죠. 구급요원은 위급한 환자가 발생하면 필요한 응급처치를 하고 병원으로 이송하는 역할을 해요. 병원 도착 전까지 의료적 서비스를 수행할 수 있는

응급구조사나 간호사들이 출동대원으로 지정되어 적절한 조치를 통해 2차 사고를 예방하고, 환자의 회복을 돕고 있어요.

또 우리 생활과 관련된 다양한 생활안전서비스를 제공하고 있어요. 예를 들어 사람들에게 위협이 되는 동물을 포획하기도 하고, 아이가 집 안에 있는데 문이 잠긴 경우 문을 열어주기도 해요. 강풍에 간판 등이 떨어질 위험이 있거나 비가 많이 와서 지하실에 물이 찰 경우 지원을 나가기도 하고요. 좁은 틈이나 놀이터 구조물에 몸이 끼었다든지 장신구가 몸에서 빠지지 않을 때도 출동하죠. 요즘 같은 겨울철에는 동파사고가 나면 고드름 제거도 하는 등 시민의 안전을 위해서 정말 다양한 일을 하고 있어요.

편 담당 업무는 입사 후 나뉘는 건가요?

김 예전에는 운전, 진압, 구조, 구급 분야로 나눠 채용했어요. 현재는 특별채용을 하는 경우도 있지만 거의 공개채용을 하는데 분야를 따로 나누지 않고 소방으로 통합해 채용하고요. 채용 후 전체 인력 상황에 따라 업무를 나누죠. 그렇다고 계속 한 가지 업무를 하는 건 아니에요. 한 사람이 여러 가지 보직을 맡을 수 있는 시스템이죠. 예를 들어 어떤 센터에 운전 인력이 부족하다면 수적으로 여유가 있는 진압대원 중 한 명의 보직을 바꿔 해당 센터로 보내는 거예요.

편 업무는 본인이 지원할 수도 있나요?

이 본인이 지원할 수도 있고, 배정이 돼서 그 일을 할 수도 있어요. 업무 능력이 탁월한 직원이 있으면 행정 업무 담당 부서로 인사발령을 내는 경우도 있고, 징계사유가 발생한다든지 하면 한직으로 발령 나는 경우도 있죠. 단, 보직을 바꾸는 것이 가능은 한데 제한 연수가 있어요. 저는 구급대원 특채로 들어왔는데, 그 당시 제한 연수가 5년이었죠. 5년 동안 무조건 구급차를 탄 후에라야 다른 업무로 보직을 바꿀 수 있었어요. 지금은 제한 연수가 3년으로 줄었고요.

편 내부에서도 기피하거나 선호하는 지역이 있을 것 같아요.

김 서울에는 24개의 소방서가 있는데, 그중에서도 화재 발생 빈도가 높은 서가 세 군데 있어요. 강남구, 종로구, 중구예요. 큰 화재가 나면 하룻밤을 새워도 진압하기가 힘든 경우가 많은데 그런 큰 화재가 많죠. 그래서 이 세 소방서를 격무 소방서로 분류해 그곳에서 일하는 소방관들에게는 인센티브를 주고 있어요. 반면 구급요원의 경우 상대적으로 이송 환자가 적은 곳이 있어서 그런 지역을 선호하기도 해요.

이 구급요원의 경우 저희 소방서처럼 사람들이 많이 살지 않는 용산구, 종로구, 동작구를 선호해요. 구민이 적다 보니 아무래도 출동 건수가 덜하거든요. 반면 노원구나 강서구 같은

인구 밀집 지역은 하루 구급출동 건수만 평균 24건 정도 돼요. 24건이면 한 시간마다 한 번씩 쉬지 않고 출동한다는 의미예요. 24시간 교대 때는 출근과 동시에 그다음 날 퇴근할 때까지 출동의 연속이에요. 식사는 거르거나 간단한 패스트푸드로 때우는 경우도 많고요. 많은 동료들이 출동이 많거나 일이 힘든 격무 소방서에서는 몇 년 버티지 못해요. 출퇴근 시간이 더 걸리더라도 다른 곳으로 옮겨가길 원하죠.

편 다른 지역으로도 이동이 가능한가요?

김 네. 서울을 1권역(종로, 중부, 용산, 서대문, 은평, 마포), 2권역(성북, 강북, 노원, 동대문, 중랑, 도봉, 광진, 성동), 3권역(강서, 구로, 양천, 영등포, 동작, 관악), 4권역(강남, 강동, 서초, 송파) 이렇게 네 권역으로 나누고 권역 안에서 자택과 가장 가까운 곳으로 인사발령을 내주죠. 출근하기 쉽게요. 인사발령은 상반기에 한 번, 하반기에 한 번해서 1년에 두 차례 있고요.

출동하기 전에 점검하는 것이 있나요?

편 신고를 받고 출동하기 전에 점검하는 것이 있나요?

김 각종 재난 현장에서 적절하게 대응하기 위해서는 장비의 철저한 관리 유지가 필수사항이에요. 소방서에는 특수소방차량, 동력장비, 유압장비, 생활안전장비, 구급장비 등 다양한 장비가 있으니 점검해야 할 장비도 많죠. 매일 아침 전일 근무했던 직원과 금일 근무하는 직원의 교대점검 시간이 있어요. 정상적인 근무 시간은 9시에 시작되지만 15분 전에 만나서 전날 출동해서 사용한 장비와 진행했던 중요한 정보들을 교환하며 인수인계를 하죠. 그 후 10분에서 20분 정도 오늘 할 일이나 지시사항을 주고받는 미팅을 해요.

그 시간이 끝나면 전체 장비에 대한 점검을 시작하죠. 오늘 사용해야 할 장비, 매일 써야 하는 공기호흡기나 기동장비, 소방차에 실려 있는 장비 등의 이상 유무를 파악하고 수량이 맞는지도 체크해요. 운전원은 차량에 시동도 걸어보고 차량이 정상 운행할 수 있는 상태인지, 용수는 다 채워져 있는지 등을 점검하고요. 구급대원은 제세동기와 같은 구급장비, 응급조치용 장비들을 체크하며 전날 사용으로 인해 부족한 건 없는

지 점검해보죠. 또한 특수 장비들이 많은 만큼 경험과 지식이 풍부한 선배들이 교관이 되어 장비와 관련된 지속적인 교육을 하고 있어요.

이 출동 전 구급장비와 무전기 시스템이 정상적으로 작동하는지 점검해요. 주로 교대 시간을 이용해 세세한 부분까지 살피는 점검이 이루어지며, 출동 직후에는 다음 출동을 대비해 산소용량과 소모품의 재고를 체크하고, 차량 내부가 감염되지 않도록 방역에 신경 쓰고 있어요.

편 화재진압을 하면서 가장 힘든 점은 무엇인가요?

김 화재 현장은 마치 전쟁터와 같아요. 비명, 여기저기 분출되는 화염과 매캐한 연기, 가스와 변압기가 터지는 무시무시한 소리, 온몸을 태울 것 같은 열기로 뒤덮여 있죠. 그런 상황이지만 소중한 생명을 지킬 수 있다는 사명감으로 버티고 있는데, 인명을 지켜내지 못했을 땐 마음이 좋지 않아요. 사람들이 구해달라고 비명을 지르는데도 좁은 골목길로 소방차가 진입하지 못해 구조가 늦어지는 경우도 종종 있어요. 조금만 더빨랐다면 하는 생각을 멈추기가 쉽지 않죠. 진압 활동 자체도 어렵고 힘든 일이지만 그보다 생명을 구하지 못했을 때가 가장 고통스러워요.

편 인명피해가 났을 땐 정말 힘드실 것 같아요.

김 불을 모두 끈 후에 현장을 살펴보면 안타깝게도 처참한 모습으로 돌아가신 분들을 볼 때가 있어요. 아무리 화재를 신속하게 진압하고, 최선을 다해 인명구조를 실시한다 해도 간혹 인명피해가 나는 경우가 있거든요. 어느 정도 화재 현장이 정리될 때쯤 건물 한쪽에서 엄마가 어린아이를 꼭 껴안고 죽어 있는 모습을 몇 번 목격한 적이 있는데 그런 모습을 마주하면 특히 힘들어요. 죽어간 이들의 생명을 지키지 못했다는 자괴감과 안타까움에 잠도 잘 못 자고요. 질식해서 CPR^{심폐소생술}을 실시한 후 이송했던 분이 돌아가신 경우도 그렇고요. 응급처치를 신속하게 했으니 회복될 수 있지 않을까 기대를 해서 그렇겠죠.

🔲 구급출동을 하면서 가장 어렵다고 생각되는 것은 무엇인가요?

🔲 구급출동을 반복하다 보면 자칫 건강을 잃기 쉬워요. 특히 심야 시간대에 잦은 출동을 하다 보면 체력적인 한계에 부딪힐 때도 있고요. 한계를 극복하고 체력을 늘 최상으로 유지하기 위해 꾸준히 자기관리를 해야 하는 것이 가장 어렵죠. 또 환자 이송을 위해 늘 대기하면서 생기는 긴장감이 커서 가끔 마트에서 들리는 안내 벨만 들어도 가슴이 철렁할 때가 있어요.

여성 소방관도 있나요?

편 여성 소방관도 있나요? 소방관의 남녀비율이 궁금해요.

김 2017년 6월 말 기준으로 전체 소방공무원 4만 5,190명 가운데 여성 소방관은 3,273명으로 약 7% 정도에 해당되며, 2012년에는 2,425명(6.27%), 2013년에는 2,593명(6.56%), 2014년에는 2,763명(6.84%), 2015년에는 3,122명(7.73%)으로 최근 5년간 꾸준히 증가하는 추세예요.

대규모 재난 현장에서는 현장 활동 인력을 많이 필요로 하고 있으며 장시간 작업을 요하는 경우도 많아요. 그런 이유로 양성평등이나 여성 인력 활용이라는 기본적인 기조는 모두들 공감하는 한편 분야를 나누는데 있어서는 여성 소방관을 주로 행정 업무나 구급 분야에 배치하고 있어요. 성차별적 처사라기보다는 현장의 특수성과 체력적인 면을 고려한 배치라고 생각해요.

이 서울의 경우만 따지만 여성 소방공무원은 전체 인원의 8.8%예요. 저희 서울소방서만 해도 전체 소방관 290명 중 21명 정도가 여성 대원이죠. 채용 시부터 남성과 여성의 비율을 정해놓고 뽑고 있어요. 전에는 그런 게 차별이라고 생각해서 신문고에 올리기도 했죠. 그렇지만 연구 결과 등을 보고 생각해보니 지금의 정책이 이해가 가요. 여성 소방관의 비율이 28%를 넘으면 화재진압을 하는데 어려움이 있다는 연구 결과가 있거든요. 그런 이유로 여성 소방관을 일정 비율 이하로 채용하고 있다고 생각해요.

편 여성 소방관은 화재진압을 하지 않나요?

이 처음 소방관이 되면 현장에서 3년을 근무하며 출동에도 같이 나가요. 그렇지만 진압 업무를 하는 펌프차 대신 주로 탱크차에 타죠. 수관을 개는 일도 하고요. 이런 식으로 정해진 건 아니지만 아직까지는 남성 소방관만 화재진압을 하고 있어요. 아무래도 부상의 위험과 체력적인 이유로 배래를 해주는 것 같아요.

편 여성 구급대원은 많이 본 것 같아요.

이 구급대원은 여성들이 많아요. 구급대원 역시 지금은 남녀를 나눠서 채용하고 있는데 여성들의 경쟁이 훨씬 치열하고 점수도 높다고 알고 있어요.

편 여성 소방관만의 장점이나 단점이 있을까요?

이 개인적으로 여성 소방관들이 더 꼼꼼하게 업무를 처리한다고 생각해요. 또한 학연이나 지연을 따지지 않고 능력이나 성과로 평가하기 때문에 더 청렴하고 업무와 사생활의 구분도 잘 짓죠. 단점이라 하면 현장 업무 시 체력적인 한계에 부딪히기 쉬우며, 얼마간 남아있는 군대 문화를 처음 접하면 낯설어서 적응이 쉽지 않아요.

편 여성 소방관이란 이유로 일하면서 어렵거나 힘든 적이 있었나요?

이 앞서 얘기했듯이 처음 소방관이 되었을 때는 군대 문화에 적응하는 것이 힘들었어요. 오랜 시간을 남성들 위주로 구성된 조직이다 보니 군대식 문화가 남아 있었죠. 인사를 할 때도 '안녕하세요?'라고 하지 않고, '안녕하십니까?'라고 했어요. 경례를 하며 '네. 소방관 이성숙'이라고 관등성명도 해야 했고요. 또 갑자기 상급자가 오면 자리에서 벌떡 일어나야 했고, 식사 자리에도 상석이 따로 있었죠. 그런 것들이 너무 어색하더라고요.

지금은 남자 소방관들에게 뒤지지 않으려고 무리해서 환

자 이송 등의 업무를 하다 생긴 허리 통증 때문에 많이 힘들어요. 결국 디스크 진단을 받았죠. 저 같은 여성 소방관들이 많이 있어요. 또 남성에 비해 인원이 적은 만큼 행동 하나, 말 한 마디가 쉽게 노출되고 그에 따른 구설수가 생기기도 쉽죠. 그런 일이 생기지 않도록 조심해야 해요.

외국의 소방관과 다른 점이 있을까요?

편 외국의 소방관과 다른 점이 있을까요?

김 미국과 비교해보자면, 가장 다른 점은 소방관을 바라보는 시선이나 인식이에요. 물론 문화와 전통, 관습이 다름을 전제한다 하더라도 그 차이가 커요. 미국에서는 대체적으로 소방관을 안전의 총제적인 책임자로 생각하지만 우리의 경우 단순히 불을 끄는 사람으로 인식해요. 그 인식의 차이로 인해 대우도 달라진다고 생각해요.

미국에서는 소방관을 영웅이라 부르며, 거리에서 사이렌이 울리면 많은 사람들이 안전을 위한 기도를 해줘요. 백악관 부속 건물에서 불이 났을 때 부시 대통령은 직접 나와 출동한 소방관을 격려하기도 했죠. 반면 과거 우리 정부는 박근혜 전 대통령 취임식장에 소방관 100명을 동원해 눈을 치우게 하고 의자를 닦게 한 일이 있었어요. 미국과 우리나라에서 소방관을 바라보는 인식에 얼마나 큰 차이가 있는지 보여주는 일례였죠. 일반 시민들의 경우 도움이 필요할 때 119에 신고하면 당연히 와주는 사람 정도로 생각하는 것 같고요.

물론 어려운 일이 있을 때 시민들을 도와주는 건 소방관의 당연한 일이고 숙명이라고 생각해요. 그렇지만 어떤 시민들은 119에 신고만 하면 소방관이 모든 것을 다 들어줘야 하는 것처럼 얘기할 때가 있어요. 업무 범위를 초과하거나 중대한 위험 요인이 있어 요청한 일로 인해 소방관의 목숨이 위태로울 경우에는 최대한 친절하게 상황에 대해 설명하고 거절을 하지만 이마저도 쉽지 않을 때가 많아요.

근무 여건을 봤을 때, 미국은 주마다 다르지만 한 달 평균 8일 정도를 일해요. 24시간 근무 후에 48시간 휴식을 취하는 근무 형태죠. 우리는 3교대 21주기 근무를 하고 있어요. 주당 56시간, 한 달 동안 약 230시간에서 240시간을 일하는 거죠.

소방관 한 명당 담당해야 하는 국민의 수도 차이가 커요. 우리나라 소방관들의 경우 일인당 3만 명 정도로 미국 소방관이 담당하는 국민 수의 10배예요. 가까운 일본과 비교해도 2배가 넘죠. 문재인 대통령의 공약대로 지금의 고용형태인 지방직을 정규직으로 전환하고 소방공무원을 더 많이 채용한다면 근로 시간 축소 등 여건은 좀 더 나아질 것으로 기대하고 있어요.

급여를 보면, 미국의 경우 주마다 차이가 있기는 하지만 평균 연봉 4만 5천 달러로 교사나 경찰의 급여보다 만 달러 정도 높아요. 수당 등을 합하면 미국 소방대장의 연봉은 7만 3천 달러라고 하고요. 우리는 평균 연봉이 3천만 원대이고, 그 외에 직급보조비, 방호활동비 및 화재진화수당, 위험근무수당 등이 따로 지급돼요.

또한 미국의 경우 업무 중 부상을 당했을 경우는 물론 퇴근 후에 일어난 부상이라 하더라도 정부의 지원을 받을 수 있으며, 업무 관련 질병은 모두 인정해주고 치료비를 지원해줘요. 반면 한국의 소방공무원 중 76.6%가 자비로 부상을 치료하고 있죠. 소방전문병원도 없어서 경찰병원에서 치료를 받고 있는 실정이고요. 그리고 얼마 전까지만 해도 화재진압이나 구조 이외의 업무로 인한 사망 시 순직 처리가 되지 않았죠.

생활안전 분야의 업무를 하다가도 위험한 순간은 있거든요. 예를 들어 말벌 퇴치 작업을 하다 말벌에 쏘여 사망하거나, 고양이를 잡으려고 로프를 타고 내려오다 추락해 사망한 경우도 있죠. 그런 경우 처음에는 순직 처리가 어렵다고 했다가 법리 다툼 끝에 인정이 되었어요. 그런 소식을 접할 때마다 허탈한 기분이 들어요. 꼭 화재나 구조 현장이 아니더라도 위험은 어디에나 도사리고 있어요. 저희가 하는 일 모두가 시민의 안전을 위해 하는 일인데 어떤 일은 순직 처리가 되고, 어떤 일은 그렇지 못하다는 건 부당하죠.

　마지막으로 법정 다툼에 휘말리게 된 경우, 미국의 소방관은 노조를 통해 변호사를 선임하고 변호사에게 법정 소송을 일임하고 있어요. 우리의 경우 원칙적으로 노동조합의 결성 자체가 법으로 금지되어 있죠. 구급차가 도착하기 전이나 병원 이송 중에 환자가 사망한 경우 소송을 당하기도 하는데요. 그런 일이 발생하면 자비로 소송을 진행해야 해요.

　위험한 재난 현장에서 생명의 위험을 무릅쓰고 화재를 진압하고, 시민의 생명을 구조하는 소방관은 전 세계 많은 사람이 선망하고 존경하는 영웅이에요. 그렇지만 우리나라의 경우 소방관을 명예롭게 생각하는 건 딱 초등학생 때까지인 것 같아요. 점점 나이가 들수록 소방관은 위험한 직업이라는 인식이 강해지죠. 그렇지만 미래는 점차 밝아질 거라 생각해요. 전보다 조금씩 여건이 개선되고 있으니까요. 모든 것이 하루아침에 이루어질 순 없잖아요. 미국이나 일본도 과거의 뼈아픈 경험들을 교훈삼아 소방법규와 제도를 정비하고 개선해나가 오늘날에 이르게 되었죠.

소방관의 수요는 많은가요?

편 소방관의 수요는 많은가요?

김 사회가 발전하고 고도화, 현대화될수록 재난은 좀 더 복잡해지고 세밀하게 변해가고 있어요. 예전에는 화재진압을 주로 맡았다면 지금은 지진, 풍수해, 교통사고, 화재, 가스 폭발, 붕괴 등의 재난을 통틀어서 관리하고 있죠. 앞으로는 소방이 종합재난컨트롤타워의 역할을 하지 않을까 싶어요. 더불어 더 많은 인력이 필요하겠고요.

문재인 대통령은 일자리 창출 대책 발표에서 부족한 소방공무원 1만7천 명 가량을 신규 채용하겠다고 했어요. 발표 후 서울소방학교를 방문한 후에는 다시 파악해보니 부족한 인력이 1만9천 명이라고 수정했고요. 국민안전처에 따르면 필요한 현장 활동 소방공무원의 법정 인원은 2016년 말 기준으로 51,857명이에요. 실제 근무하는 인원이 32,343명이니 19,514명이 부족한 거죠. 행정자치부는 부족한 인원 중 우선 2,080명을 채용하겠다고 발표했어요. 이 인원이 채워진다면 이제 17,434명이 부족하게 되는 것이죠. 이를 채우기 위해 신규 채용은 계속 진행될 것으로 전망하고 있어요.

이 직업만의 매력과 장점은 무엇인가요?

편 이 직업만의 매력과 장점은 무엇인가요?

김 좀 과격하게 들릴 순 있는데, 한마디로 이야기하면 미친 직업인 거 같아요. 불을 보면 다들 도망가는데 소방관들은 목숨을 걸고 달려들잖아요. 불을 향해 돌격할 때는 오직 불을 끄고 시민을 안전하게 지켜내겠다는 생각밖에는 들지 않아요. 오로지 전진만이 있을 뿐이죠. 후퇴한다면 시민을 안전하게 지켜낼 수 없으니까요. 그리고 어느 정도 불길이 잦아들면 그땐 마음속에 평화로움이 깃들어요. 시민들의 재산을 지키고 시민의 생명을 안전하게 보호했다는 쾌감도 있어요.

이 남들은 시간을 내서 봉사하고 그것으로 보람을 느끼잖아요? 저희는 삶이, 일상이 봉사하는 일이면서 그에 따른 보상도 받아요. 그런 일을 할 수 있어 감사하죠. 또 하나의 매력은 아마 전 세계 모든 소방관들이 공감할 내용이에요. 바로 자긍심이죠. 사람들이 뛰어나온 위험한 자리에 우리는 들어가야 하잖아요? 두렵다는 생각을 하기도 전에 반사적으로 몸이 그곳으로 가고 있는 게 아닌가 하는 생각이 들어요.

편 누구나 그런 마음을 갖기는 쉽지 않을 것 같아요.

이 제 남편이 혼자 지붕에 올라가 불을 끄는 모습이 텔레비전에 나왔는데, 친정엄마가 그 장면을 보셨어요. 그때 다시는 혼자 올라가거나 위험한 일은 하지 않겠다고 약속했지만 안 봐도 뻔해요. 언제든 그런 상황이 발생하면 또 그렇게 하겠죠. 제 남편뿐만이 아니에요. 어제 인천에서 화재가 발생했는데 시민 4명을 구하고 질식 상태로 탈출한 소방관이 있었어요. 인터뷰에서 무슨 생각으로 그렇게 했냐고 물으니, 그분들을 데리고 나와야겠다는 생각밖에 없었대요. 올해 초에 있었던 주택 화재에서는 소방관 2명이 큰 화상을 입었죠. 화재로 인한 열기가

두건을 녹이고 녹은 두건이 얼굴에 붙어 화상이 생겼는데도 마음속으로는 사람을 살려야 한다는 생각뿐이었대요.

실제 많은 소방관들이 오직 그런 생각으로 수많은 인명을 구조하고 있어요. 누군가 그렇게 해야 한다고 심어준 것이 아니라, 많은 소방관들이 그런 자세로 일하기 때문에 그들과 함께 일하며 점차 그렇게 변하는 게 아닐까 생각해요. 처음에는 희생정신보다는 안정적인 직장을 원해 소방관이 되었다가도 선배나 동료들의 마음에 감화되는 거죠. 그래서 그런지 좋은 분들이 참 많아요.

이 직업의 단점에 대해 알려주세요.

편 이 직업의 단점에 대해 알려주세요.

김 가족들이 제 걱정을 많이 하는 편이에요. 화재 관련 뉴스나 소방관 사망 소식이 들려올 때마다 혹시나 하는 불안감에 귀 기울여 듣고는 제가 무사하다는 것을 확인하고서야 안도하는 경우가 종종 있어요. 그럴 때면 가족들에게 미안한 마음도 들죠. 그래서 초반에는 다른 직업을 가질까도 많이 고민했어요. 그렇지만 지금은 다들 많이 익숙해졌는지 전보다 크게 걱정하지는 않아요.

이 예전에 24시간 근무를 할 때나 지금이나 동료들과 오랜 시간을 같이 있잖아요. 함께 출동 나갔다 들어와 저녁이 되면 밥을 같이 먹기도 해서 마치 가족 같은 분위기죠. 그러다 보니 사생활이 없기도 해요. 누군가 했던 말 한마디가 다음날이면 24개 소방서에 쫙 퍼지기도 하죠. 그래서 가끔은 이런 분위기가 부담스러워요.

그리고 출근을 하면 소방서에서 벗어날 수가 없어요. 항상 출동 대기 상태로 있어야 하니 퇴근 시간까지는 출동 외에는 나가지 못하거든요. 그래서 가끔은 감옥처럼 느껴지기도 해요. 몸이 힘들 때는 출동 벨이 울리면 가슴이 확 쪼이는 느낌이 들거나 심장이 아픈 느낌이 들 때도 있고요. 앞에서 잠깐 얘기했는데 긴장이 연속되다 보니 마트에서 방송이 나올 때 가슴이 철렁하면서 출동 벨과 헛갈리는 경험을 한 적이 있어요. 그럴 때는 '내가 이렇게 살아야 하나' 하는 생각이 들기도 해요.

미래에도 소방관은 필요한 직업인가요?

편 미래에도 소방관은 필요한 직업인가요?

김 네. 사실 화재 발생 빈도가 과거에 비해 많이 줄었어요. 소방시설이 더 정교해졌기 때문이죠. 그러니 앞으로도 화재는 계속 줄어들지도 몰라요. 그렇지만 화재가 발생했을 때 발전한 소방시설이 사람들을 대피시키고 인명을 구조할 수는 없죠. 여전히 소방관은 필요할 거예요.

또한 미래에는 고층건물이 많아질 텐데 그런 건물에서 화재가 발생할 경우 훈련과 교육을 받은 전문 소방관의 도움 없이는 재난을 막을 방법이 없어요. 우리나라의 경우 지진 안전지대라는 생각이 강했으나 최근 포항 등에서의 지진은 그런 생각에 변화를 가져오게 했죠. 그런 지진이나 풍수해, 태풍, 홍수, 가뭄, 폭설 등으로 인한 자연재해 현장에서 소방관들은 꼭 필요한 존재예요. 앞으로는 그런 자연재해 현장에서의 인명구조 쪽으로 소방관의 역할이 확대될 것으로 보여요.

소방관의 세계

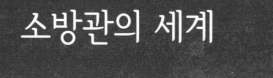

f i r e f i g h t e

소방관이 일하는 곳은 어디인가요?

편 소방관이 일하는 곳은 어디인가요?

김 일상에서 일어나는 모든 재난 현장에서 소방관을 볼 수가 있어요. 산과 하천, 도로, 지하, 육상에서 일어나는 모든 재난 현장이 소방관이 일하는 곳이죠.

편 겪었던 현장 중에 가장 위험했던 곳은 어디였나요?

김 창신동 동문상가, 인현동 인쇄상가, 현대미술관 등 수없이 많은 화재 현장에 출동했지만 그중 가장 위험했던 곳은 2013년 2월 17일에 발생한 인사동 화재 현장이에요. 건물 8개 동이 불에 타고 점포 19곳이 부수적 피해를 입었었죠. 동료들과 함께 TV를 시청하고 있었는데 오후 8시 26분경에 출동 벨이 울렸어요. 제가 근무하는 세종로센터에서 인사동까지는 멀지 않은 거리라 금방 도착했는데도 벌써 불이 활활 타오르고 있었죠. 여기저기서 LP 가스통이 폭발하고 화염이 치솟아 인근 건물을 집어삼킬 것 같았어요. 주변이 얼마나 뜨거운지 소방차마저 녹아버릴 것 같았죠.

그런데 많은 소방차가 출동해 여기저기서 물을 뽑아 쓰다 보니 소화전에서 더는 물이 나오지 않는 거예요. 물이 나와야 화재진압도 하면서 열기도 좀 식히는데, 물을 뿌리지 못하니 일순간 잠잠해지던 불이 다시 살아나면서 저희 쪽을 덮쳐왔어요. 그 열기에 동료 한 명은 귀에 화상을 입었어요. 그런 아찔한 순간에는 장비를 놓고 도망가야 하는 게 아닐까 하는 생각까지 들었죠. 다행히 인명피해는 없었고, 7명 정도가 연기를 마시고 대피하는 정도였어요. 초저녁에 발견되지 않았다면 피해가 더 커졌을 거예요.

기억에 남는 사건이나 환자가 있나요?

편 기억에 남는 사건이나 환자가 있나요?

이 사실 어른들보다는 아기들을 놓쳤을 때가 많이 힘들고 계속해서 생각이 많이 나요. 원래 저희 관내는 아니었는데 성동구에 구급차가 없다 보니 저희가 가장 먼저 현장에 도착한 일이 있었어요. 지하에 구두공장이 있는 다세대주택이었는데 구두공장에서 불이 났죠. 인부 2명이 지하에서 나오지 못해 연기에 질식사하고 인부들을 포함한 3명의 사상자가 났는데 한 명이 아기였어요.

3층에 있던 아기 엄마가 연기가 올라오니까 아기를 안고 옥상으로 올라갔어요. 옥상에만 있었어도 아기와 함께 내려올 수 있었을 텐데 건물에서 탈출하려고 옥상에 있는 사다리를 옆 건물에 걸치고 아기를 옆구리에 낀 상태로 건넌 거예요. 사다리가 흔들리니까 사다리를 잡다가 아기를 놓친 거죠. 저희가 도착하자마자 분홍색 보에 싸인 걸 들고 오면서 아기가 떨어졌다고 하는데 아기가 떨어졌다는 것 자체가 이해가 안 되더라고요. 5층에서 떨어졌다고 하는데 아기를 받아서 보니까 동공이 풀려 있고 숨도 못 쉬면서 말 그대로 죽어가더라고요.

뼈가 다 부서져서 심폐소생술을 하기도 어려웠죠. 목도 못 가누는 100일도 안 된 아기였던 것 같아요. 그 아이를 놓친 게 너무 안타깝고 지금도 생각이 많이 나요.

또 아기 얘긴데, 엄마가 설거지를 하는 동안 아기는 북채를 빨며 놀고 있었나 봐요. 그런데 아기가 어려서 온전히 앉아있지 못하고 앞으로 넘어진 거예요. 그러면서 북채가 목 뒤쪽으로 들어가 숨 쉬는 신경을 건드린 것 같아요. 엄마가 급히 북채를 뺐지만 저희가 도착했을 때는 아기 얼굴이 파랬고 숨도 잘 쉬지 못했죠. 바로 인공호흡을 했는데 불어넣은 공기가 들어갔다 나올 때마다 울더라고요. 나중에는 울지조차 못했고요. 제가 그때 국립의료원에 데려다줬던 걸로 기억하는데 호흡을 하지 않은 시간이 길어서 회복이 힘들었을 것 같아요. 이렇게 어린 생명을 놓쳤을 때가 제일 안타까워요.

김 현장에서 누군가의 생명을 구하고 고맙다는 인사를 들었던 기억도 많이 나지만 사실 그런 것보다는 오히려 처참했던 현장들의 기억이 더 생생해요. 3층짜리 건물 리모델링 현장에서 건물이 붕괴되는 사고가 있었어요. 인부 한 명이 매몰되었는데 다리가 건물 잔해더미에 깔린 상황이었어요. 그런데 너무 깊숙한 곳에 있어 구조가 쉽지 않아 시간이 지체되었고 다리의 괴사가 진행되기 시작했죠. 결국 인부의 다리를 절단할 수밖에 없는 안타까운 상황이 벌어졌는데 아직까지도 생각이 많이 나네요.

생활고를 비관해서 여관에서 자살을 했는데 그 옆에 가족사진, 아이들 사진이 놓여 있었던 분도 있었고요. 추락해서 바닥으로 떨어졌는데 머리부터 떨어져서 머리가 하나도 남지 않고 흔적만 남아 있었던 사건, 화재 현장에서 아이를 보호하려고 아이를 끌어안고 죽은 엄마를 발견했던 사건 등 좋았던 기억보다는 안 좋고 처참했던 것들이 생각이 많이 나요.

예전에는 '술 한 잔 먹으면 금방 잊히겠지' 했는데 누군가와 이야기하다 보면 다시 떠오르기도 해요. 명절 때 뵙고 그 이후에 한 달, 두 달 연락이 안 돼서 문을 열고 들어가보니 집안에 파리가 가득한 경우라든지 사람을 찾으려고 문을 따고 들어가서 불을 켰는데 현관문 앞에서 여자가 목매달고 죽어있는 경우라든지 교통사고로 몸이 거의 으깨질 정도로 처참하게 죽은 시체라든지 그런 것들이 많이 생각나요.

■이 얼마 전에 수난구조대 요원과 처음으로 얘기를 나눠봤는데, 자살을 하더라도 절대 물에 빠져 죽지는 말았으면 하더라

고요. 땅에 떨어져서 죽거나 목을 매서 죽으면 시신을 수습할 수가 있는데 물에 빠져 죽으면 수면에 올라오기 전까지는 누군가의 도움을 받아야만 시신을 건져낼 수가 있으니까요. 가족들은 자살로 인한 충격에 시신까지 찾을 수 없어 너무나 힘들어하죠. 오늘 나올까 내일 나올까 한강변을 서성이며 애를 태우는 모습을 보는 게 너무 괴롭대요.

여름에는 일주일 안에 떠오르는 시신들도 있지만 겨울에는 한 달, 석 달이 지나도 떠오르지 않는 경우들이 많다고 해요. 자살 소식을 자주 접하다 보니 심각하게 생각하지 않고 극단적인 생각을 쉽게 하는 거 아닌가 하는 생각이 들 때가 있어요. 오늘 만난 동료가 '우리 이번 주에 가족끼리 어디 갈 거야!'라고 했는데, 그다음 날 출근을 안 해서 봤더니 자살을 했더라는 고참 이야기, 가정불화로 베란다에서 목을 매서 죽은 직원 이야기를 듣는 경우가 종종 있거든요.

편 현장을 가면 갈수록 익숙해지는 게 아니라 갈수록 두려울 것 같아요. 그냥 시신을 봐도 무서운데 훼손되거나 사고가 나서 죽은 시신을 본다는 건 상상할 수 없는 일이거든요. 정말 존경스러워요.

이 아가씨 때 처음으로 구급차를 탔는데 함께 다니는 반장님의 배려로 많이 보지는 않았어요. 생각나는 사건이 있는데, 엘리베이터를 설치하면서 지하에 시멘트 타설 작업을 하는데 아저씨 한 분이 없어졌다는 신고가 들어왔어요. 구조대원들이 들어가서 삽으로 시멘트를 퍼내고 있었고 저희는 들것을 가지고 바깥에서 기다렸죠. 속으로 '있겠어? 어디 갔겠지, 담배 피러 갔을 거야' 이렇게 생각을 했는데 한 30분 정도 파낸 시멘트 안에서 아저씨가 나오더라고요. 구급차에 싣고 보니까 코

며 눈이며 입까지 전부 다 시멘트가 들어가 있었어요.

이분 같은 경우는 머리에 응급조치를 해야 하니까 코하고 입에 있는 시멘트를 제거하고 머리를 만졌는데, 그 과정에서 두개골에 박혀있던 나무가 움직이면서 뇌척수액이 분수처럼 흘러나왔어요. 이분을 한참 잊고 있었는데 호텔이 무너졌을 때 아저씨 다리를 보는 순간 생각이 나더라고요.

응급상황에 대처하는 매뉴얼이 있나요?

편 응급상황에 대처하는 매뉴얼이 있나요?

이 구급대에는 구급 매뉴얼이 있고, 화재도 화재진압 대응 매뉴얼이 있어요. 긴급구조 대응 매뉴얼, 비행기 화재 시 매뉴얼도 있죠. 구급대원들의 경우는 주기적으로 응급처치에 대한 평가도 보고 시험도 봐요. 일정 점수가 나오지 않으면 그 서에 불이익이 가기 때문에 트레이닝을 받는 편이죠. 보수교육도 매년 1회 내지 2회를 받는데 처음에는 사이버교육으로 받

고 그다음은 소집교육으로 직접 교육장에 가서 받아요.

응급상황에 대처해서 교통사고 환자나 심폐소생술이 필요한 환자(마네킹)를 놓고 각 서별 구급대원들이 얼마나 감점 없이 잘 대처하는지 대회도 하고요. 상황 대처 매뉴얼이 가장 잘 되어 있는 곳은 119방재센터 응급의료지도팀이에요. 의사가 상주하기 때문에 의사의 지시 하에 수액 조치도 할 수 있고 심폐소생술을 할 때 제세동기를 사용해서 심장의 리듬을 분석할 수도 있어요. 센터라고 보면 되죠.

소방관의 일과는 어떤가요?

편 소방관의 일과는 어떤가요?

김 주간 근무할 때와 야간 근무할 때가 다른데요. 주간 근무는 보통 오전 9시부터 시작해요. 그렇지만 30분 일찍 출근해서 커피 한 잔 마시고 8시 45분부터 전일 근무자와 교대 점검을 해요. 이때 전날 있었던 상황이나 사용한 장비에 대해 듣죠. 교대 점검이 끝나면 9시부터 20~30분 정도 오늘 있을 당면 업무와 해야 할 일들, 이번 주에 처리해야 할 일들을 지시받아요. 그리고 장비가 적재되어 있는지 확인하고, 잘 작동되는지 시동도 걸어 봐요. 각 장비의 위치도 확인하면서 전체적으로 점검하는데 30분에서 한 시간 정도 걸려요.

점검이 끝나면 다시 사무실로 돌아와서 11시에서 11시 30분까지 위험예지훈련을 해요. 일종의 마인드 컨트롤로, 어떤 상황을 가정하고 현장에서 그 상황이 발생할 경우 어떻게 대처할 것인가에 대해 이야기 하는 훈련이에요. 또 도상훈련이란 걸 하는데 어디로 진입하면 더 빠르게 현장에 도착하는지 건물들의 위치를 확인하는 훈련이에요. 화재 발생 시 어느 쪽으로 들어가서 어떻게 인명을 대피시키고 구조한 후 진압할

것인지 PPT를 활용해 훈련하고 있죠.

　이런 전술훈련에는 팀훈련과 기초단위훈련이 있어요. 팀
훈련은 2인이나 4인으로 팀을 이뤄서 하는 훈련으로, 2인 인
명구조 실시 방법이나 4인 화재진압 전법 등이 있어요. 기초
단위훈련은 개별적으로 하는 훈련으로 무전기훈련, 로프 매
듭, 각종 장비 사용법 등이 있어요. 훈련이 끝나면 현장 활동
을 주로 하지만 가끔은 한 시간 정도 행정 업무를 처리하기도
해요. 12시가 되면 한 시간에서 한 시간 30분 정도 점심을 먹
으며 휴식을 취해요.

　오전에 일반 장비를 점검했다면 오후에는 특수 장비 점검을 해요. 특수한 장비를 세부적으로 점검하는 시간이죠. 예를 들어 특수 장비 중 하나인 동력전달기를 잘 아는 선임자가 나와 분해와 조립 방법 등을 상세하게 설명하고, 현장에서 고장이 날 경우 어떻게 조치할 것인지 배워요. 구급대원의 경우 자동심장충격기의 기능과 제원에 대해 배워보는 시간이 있고요.

　밖에 나가서 하는 훈련도 있어요. 소방차를 타고 30분 정도 순찰 노선을 한 바퀴 도는 거죠. 전통시장이나 고층건물, 건축공사장을 살피며 화재의 위험은 없는지 확인하는 예방 활

동이기도 해요. 또 공공기관훈련이라고 해서 학교에서 학생들과 실제 대피 훈련을 하기도 해요. 모든 훈련이 끝나면 3시 30분이나 4시쯤 되는데 이때 잠깐 체력단련을 해요. 훈련이 길어지거나 해서 시간이 부족하면 생략하기도 하지만 규정에는 하루에 한 시간씩 하게 되어 있어서 가능하면 지키려고 하죠.

체력단련도 끝나면 교대 근무자와 교대하는데, 18시부터는 야간 근무로 들어가요. 야간 근무자는 우선 저녁식사를 하고 오전에 했던 위험예지훈련이나 도상훈련을 해요. 해가 져서 밖에서 하는 훈련은 하지 못하고, 안에서 할 수 있는 기본적인 훈련을 하죠. 훈련이 끝나면 행정 업무 처리도 하고, 순찰도 나가요. 23시 정도 되면 출동 나가기 전까지는 대기하고 있다가 신고가 들어오면 출동을 하죠. 아침 6시가 되면 일어나 청소하고, 정비하고 7시에 아침식사를 하고 커피 한 잔을 마시며 쉬어요. 마지막으로 장비를 점검하고 8시 45분이 되면 주간 근무자와 교대한 후 9시에 퇴근하죠. 모든 119안전센터의 일과가 똑같진 않지만 표준일과표에 의한 근무 방식이라서 거의 대동소이 할 거예요.

시간이 날 때는 어떤 일을 하나요?

편 시간이 날 때는 어떤 일을 하나요?

김 일과를 들어보니 일정이 정말 빠듯하지 않나요? 장비를 점검하고, 훈련을 하고, 출동을 나가고, 행정 업무를 하다 보면 하루가 금세 지나가요. 그래도 시간이 날 때는 책을 읽거나 자격증 공부를 해요. 체력을 위해 탁구나 수영 같은 운동도 하고요. 그리고 등산을 좋아해서 쉬는 날에는 주로 산에 가죠.

일을 잘 수행하기 위해 노력하고 있는 것이 있나요?

편 일을 잘 수행하기 위해 노력하고 있는 것이 있나요?

김 전문인으로 거듭나기 위해서 자격증 시험을 준비하고 있어요. 주로 소방 설비 전기 분야나 소방 설비 기계 분야, 위험물 관리 분야의 공부를 하는 편이고, 직무와 관련한 승진시험 준비도 열심히 하고 있어요.

소방관이기 때문에 겪는 애로 사항이 있나요?

편 소방관이기 때문에 겪는 애로 사항이 있나요?

이 사람들이 소방관은 만능일 거라고 생각하는 데서 오는 부담감이 좀 있어요. 반면 방송에서는 너무 불쌍한 이미지가 부각돼서 좀 불편할 때가 있죠. 그런 영향으로 어렸을 적에는 사람을 구하고 불길 속으로 뛰어드는 소방관을 영웅처럼 생각하지만, 성인이 되어서 소방관을 보면 어렸을 적 영웅처럼 생각했던 소방관 대신 위험하고 제대로 대우도 받지 못하는 모습을 연상하게 되는 것 같아요.

부산의 한 화재 현장에서 컵라면을 먹고 있는 소방관의 사진이 화제가 된 적이 있었어요. 그 사진을 보면서 같은 동료로서 정말 힘들겠다는 생각이 들었는데, 시민들은 저와는 정반대로 소방관들이 진짜 불쌍하구나 하는 생각을 하더라고요. 최근에는 아이들이 방송을 보고 아빠와 같은 소방관이 다른 사람을 위해 희생하는 영웅이 아니라, 힘들고 고된 일을 하는 사람인지 물어본 적도 있어요.

김 방송이나 인터넷 등에서 소방관을 다룰 때 흥미나 재미 위주의 내용으로만 구성하다 보면 과장되거나 왜곡된 내용이 나오는 경우가 많고, 그로 인해 아이들이 상처를 받을 때가 있어요. 사실 화재 현장에서 장시간 진화 작업을 하다 보면 배가 많이 고파요. 그래서 컵라면이나 빵 종류로 간단히 끼니를 때우고 다시 작업에 임할 때가 많죠. 또 뜨거운 열기와 급격한 체력 소모로 인해 시원한 물 한잔이 간절할 때도 많고요.

그런데 그 모습이 밥도 제대로 못 먹는 불쌍한 이미지로 비춰질 때 답답해지곤 해요. 작업하다 말고 방화복 입고서 현장 근처 레스토랑에서 밥을 먹고 올 순 없잖아요. 그래도 소방관들이 열심히 일하다 찍힌 사진이고, 많은 분들이 방송을 계기로 소방관의 열악한 환경개선을 위해 애를 써주셔서 보탬이 된 부분도 있으니 좋게 생각하려고요.

지금까지 시민들이 소방관을 떠올릴 때 힘들고 어려운 모습만을 연상했다면 앞으로는 긍정적이고 희망적인 모습들도 봐줬으면 좋겠어요. 아들 녀석들이 소방관이 컵라면 먹는 사진을 보고는 절대 소방관은 하지 않겠다고 하네요.

이 구급대원으로 근무할 때면 질문을 많이 하세요. 생활 응급처치와 관련된 질문들은 얼마든지 대답이 가능한데 거기에서 더 들어가 왜 그런 증상이 나타났는지와 같은 의학적인 질문을 하기도 해요. 그런 것까지 알고 있어야 하나 하는 생각도 들고, 어쨌든 대답을 못해서 부끄럽다는 생각도 드니 공부를 더 해야겠다는 마음이 들 때도 있죠.

일을 하면서 받는 스트레스는 어떻게 해소하나요?

편 일을 하면서 받는 스트레스는 어떻게 해소하나요?

김 재미있는 책을 읽거나 탁구 등의 운동을 하면서 풀 때도 있고, 퇴근 후에 좋은 사람들과 소주 한 잔 하면서 풀 때도 있죠.

이 저희 부부는 여행을 많이 다녀요. 아이들 데리고 캠핑도 가고 서울시에서 운영하는 연수원을 이용할 때도 있고요. 신랑이 주말에 미리 계획하지 않고 갑자기 떠나는 여행을 좋아해요.

편 그만두고 싶을 때는 없었나요?

이 아무래도 맞벌이다 보니까 아이들이 공부를 잘 하지 않을 때는 일을 좀 쉬고 아이들 곁에서 가르쳐야 하는 게 아닐까 생각한 적이 있어요. 그런데 선배들 얘기를 들어보면 본인이 먼저 하고 싶다는 생각이 들어야지 부모가 집에 있다고 해서 아이의 학습능력이 좋아지는 건 아니라고 하더라고요.

그리고 몸이 아플 때도 그만두고 싶어져요. 제가 구급대원을 4년 6개월 정도 하고 그 이후로는 계속 교육 업무를 했는

Job
Propose 15

데 그 사이에 디스크가 생겼어요. 허리가 아플 때마다 일을 그만두고 쉬고 싶은 생각이 들기도 해요. 이 직업이 신체를 써서 하는 일이다 보니 한계는 있는 것 같아요. 선배들을 봐도 40대 중반까지는 현장 활동이 가능하지만 더 나이가 들면 힘들어 하더라고요.

김 입사해서 일주일 정도 특별교육을 받고 소방서에 배치를 받았는데 바로 3일 뒤에 황학동 가구단지에 불이 났어요. 그때는 지금처럼 장비가 현대화되지 않았죠. 방화복은 원피스 스타일이라 작업을 하다 보면 물이 안쪽으로 들어오고, 장화에도 물이 들어와서 얼마나 미끄러운지 진화 작업을 하다 보면 뒤로 넘어지기 일쑤예요. 장갑도 오래돼서 빨아도 냄새가 났고요. 후배들은 좋은 장갑을 끼지도 못하는 때였는데 그 당시 날씨가 너무 추워서 장갑 안으로 스며든 물이 얼기 시작했어요. 손이 얼마나 아프던지 내가 이 일을 계속해야 하나, 시작한 지 얼마 되지 않았을 때라 그만두고 시골로 갈까 하는 생각까지 들었죠.

그리고 가끔 소방관들이 현장에서 안타깝게 순직했다는 소식을 들을 때면 그만두고 싶다는 생각이 많이 들어요. 얼마

전에도 강릉에서 대원 두 분이 새벽에 화재진화를 하다 순직한 일이 있었죠. 한 대원은 정년을 1년 앞두고 계셨고, 한 대원은 이제 막 소방관이 된 분이라 주변 분들의 안타까움을 더했는데요. 저도 그 소식을 듣고 마음이 먹먹해지면서 정년이 다할 때까지 나에게 부여된 소임을 다할 수 있을까 하는 생각에 잠을 이룰 수가 없었어요.

소방관으로서 성취감을 느끼는 순간이 있나요?

편 소방관으로서 성취감을 느끼는 순간이 있나요?

김 도움이 필요한 곳에 미력한 힘이나마 보탬이 되어서 시민들이 감사해 할 때가 가장 좋아요.

이 저는 일을 할 때 살아있다는 느낌이 들어요. 다른 사람을 위해 봉사하는 이 일 자체에서 성취감을 느끼죠. 제가 아이를 낳고 돌보기 위해 3년 가까이 휴직을 했어요. 그런데 시간이 갈수록 소방차만 봐도 눈물이 나고 다시 출근하고 싶더라고요. 제 일에 자부심과 자긍심을 가졌던 사람이라 집에서 육아만 하는 게 한 편으론 속상하기도 했어요. 그즈음 통장 잔고도 많이 줄어서 복귀하게 되었죠.

편 생명을 구하는 소중한 일이지만 힘이 많이 드는 일이고 때론 좌절도 할 것 같아요. 그럼에도 아침에 일어나서 다시 출근하게 만드는 힘은 무엇일까요?

김 가족이죠. 가족이 있기 때문에 제가 있는 거라 생각하기에 일도 더 열심히 하게 돼요. 저에게는 가족이 가장 큰 힘이

자 든든한 버팀목이죠. 출근할 때마다 아이들에게 저녁에 만나자고 얘기하는데, 그 약속은 소방관을 그만두는 날까지 지키고 싶어요. 만약 사고가 생겨 그 약속을 지키지 못한다면 정말 슬프겠죠.

소방관을 꿈꿨던 때와 실제 소방관이 된 후 달라진 점이 있을까요?

편 소방관을 꿈꿨던 때와 실제 소방관이 된 후 달라진 점이 있을까요?

김 처음에는 화재를 진압하고 어려운 상황에서도 사람들을 구해내는 소방관들이 멋있어 보였고, 직업으로서도 괜찮아 보여 이 일에 관심을 가지게 되었어요. 어떻게 보면 단순한 이유로 관심이 생겨 준비하게 되었는데, 실제 소방관이 되고 나니 매번 멋있고 폼 나는 일만 있지는 않아요. 몸을 쓰는 일이고 위험한 순간과 함께 해야 하니 힘들 때도 많고, 배려와 상식이 없는 사람들로 인해 그만두고 싶을 정도로 마음에 상처를 입기도 해요. 그렇지만 분명 누군가에게 도움을 주고 봉사를 할 수 있는 멋진 일인 건 변함없어요. 내가 누군가에게 도움이 된다는 기쁨, 그 도움을 받은 사람들의 감사가 저를 감동시키고 더 힘을 낼 수 있게 해줘요.

어떤 마음의 자세로 일하세요?

편 어떤 마음의 자세로 일하세요?

김 앞서 얘기했듯이 출근할 때면 아이들에게 항상 '내일 만나자, 사랑해'라고 인사해요. 그렇긴 한데 직업의 특성상 상대적으로 위험한 상황에 많이 직면할 수밖에 없잖아요. 그러니 항상 안전을 염두에 두면서 아이들에게 한 약속만큼은 꼭 지켜야겠다는 생각으로 출근해요.

이 아무래도 일하러 간 곳에서 유명을 달리하는 분이 많으니 그런 다짐들을 할 거예요. 세월호 참사 때 지원을 나간 소방교는 헬기 안에서 친구에게 문자 메시지를 보냈어요. 내일 소주나 한 잔 하자고요. 그런데 헬기가 고장나 추락하면서 돌아가셨죠. 마지막 메시지만을 남기고 허망하게 가셨는데, 이 일을 하다 보면 이런 소식이 드문 일이 아니에요. 참 가슴 아픈 일이죠. 그래서 집에서 나올 때는 오늘도 무사히 하루를 보내기를 바라고, 그 마음을 담아 가족들에게 인사를 하고 있는 게 아닐까 싶어요.

소방관이 되는 방법

f i r e f i g h t e r

소방관이 되려면 어떤 과정이 필요한가요?

편 소방관이 되려면 어떤 과정이 필요한가요?

김 소방관이 되는 길에는 몇 가지 경로가 있어요. 소방공무원 공개채용시험이나 소방간부후보생 시험을 치르고 들어올 수도 있고, 특별채용에 응시해 소방관이 될 수도 있어요. 공개채용시험의 경우 다섯 단계를 통과해야 하는데, 그 절차는 신체검사, 서류전형, 필기시험, 체력시험 그리고 면접시험 순이에요.

편 필기시험은 어떤 과목을 보나요?

김 공개채용시험의 경우 필수과목으로는 국어, 한국사, 영어가 있고 선택과목으로는 소방학개론, 행정법총론, 소방관계법규, 사회, 과학, 수학이 있는데 이 중에서 두 과목을 선택할 수 있어요. 특별채용시험의 경우 국어, 영어, 소방학개론 중에서 세 과목을 보면 되고요.

공개채용이나 특별채용 모두 20문제씩 객관식으로 출제되고 주관식은 없어요. 상대평가이기 때문에 성적순에 따라서 합격 여부가 결정되는데, 필기시험에서는 선발 인원의 30%

정도를 더 합격시켜요. 또 소방간부후보생 시험이 따로 있어요. 7급 수준의 시험인데 형사소송법이나 헌법 과목들을 보죠. 상대적으로 난이도가 높고 합격하기도 그만큼 힘들어요.

편 체력시험은 어떻게 보나요?

김 기본적인 체력시험으로는 윗몸일으키기, 제자리멀리뛰기, 왕복오래달리기가 있어요. 그리고 손아귀 힘을 측정하는 악력과 등·허리의 힘을 재는 배근력, 유연성을 측정하는 앉아윗몸앞으로굽히기가 있고요. 남자와 여자의 평가 기준이 상이하니 본인의 성별에 따라 꼼꼼히 확인해야 해요. 각각의 종목에 1부터 10까지의 점수를 부여하고, 총점의 50%에 해당하는 30점 이상을 득점해야만 체력시험에 무사히 통과할 수 있어요. 여섯 과목 중에 하나라도 과락이 있으면 시험을 보다가도 중간에 돌아가야 해요.

체력시험에 합격하기 위해서는 평소에 운동을 열심히 해야 해요. 체력시험만을 위한 학원도 있어요. 실제로 필기시험에는 합격해놓고 체력시험에 합격하지 못해 탈락하는 친구도 많거든요. 예전에 지방 화학단지에서 화학구조대를 뽑기 위해 화학특기자를 모집한 적이 있어요. 그런데 다들 체력시험에서 떨어져 10명을 채용하는데 한 명도 합격하지 못했어요. 필기 시험뿐만 아니라 체력시험 준비도 틈틈이 하는 게 최종적으로 합격할 수 있는 비결이 아닐까 싶어요.

이 체력시험은 남자들의 경우 체대 수준의 난이도라고 보시면 돼요. 얼마 전에도 구급대원 26명을 채용하는데 1차 필기시험에 합격한 33명 중 11명이 2차 체력시험에서 시험 도중 집으로 돌아갔어요. 일정 종목에서 과락의 점수를 받아 탈락한 거죠. 여자들도 힘들긴 한데 남자들은 더 난이도가 높았대요. 가장 힘든 종목은 왕복오래달리기예요. 25m를 왕복으로 왔다 갔다 하는데 처음에는 다소 천천히 뛰더라도 중반 이후에는 속도를 높여야 합격 점수를 받을 수 있죠. 소방관이 된 이후에도 매년 체력검정을 해서 업무 성적에 반영하기 때문에 체력은 중요한 요소예요.

편 체력시험 이후의 절차를 알려주세요.
김 체력시험을 통과한 사람에게는 면접시험이 기다리고 있어요. 면접시험에서는 소방관으로서의 자세와 품성, 인성 등을 평가해요. 마지막 테스트까지 무사히 통과한다면 이제 소방관의 길을 걸을 수 있어요.

이 면접은 제시된 공통 주제에 대해 지원자들이 분임토의하는 방식으로 진행돼요. 중간에 개인 질문도 하고요. 질문 내용을 봤더니 서울소방에서 지금 시즌에 특별히 하고 있는 사업이나 예방 업무에는 어떤 것들이 있는지 등 실제 소방에 대해 얼마나 깊은 관심을 갖고 있는지에 대해 물어보더라고요. 지금 서울소방재난본부에서 시행 중인 시민안전파수꾼 시책은 서울 시민 10만 명을 안전에 깨어 있는 사람으로 만들겠다는 사업인데 이런 것들에 대해 충분히 관심을 가진 사람들만이 대답을 잘 할 수 있겠죠.

편 시력 제한은 없나요?

김 제가 시험을 준비했을 때는 지원서 접수 시 병원에서 신체검사를 하고 받은 채용신체검사서를 첨부했어요. 지금도 마찬가지고요. 채용신체검사서에 기재된 두 눈의 맨눈시력이 0.3 이상 되어야 응시가 가능해요. 이 기준에 적합하지 않으면 응시를 해도 탈락인 거죠. 또 색맹 또는 적색약이 아니어야 하고요.

편 시력 외에 필요한 신체조건이 있다면 알려주세요.

김 우선 체격이 강건하고 팔과 다리가 완전하며, 가슴, 배, 입, 구강, 내장에 질환이 없어야 해요. 청력도 완전해야 하고, 고혈압 또는 저혈압이 아니어야 하죠. 운동신경이 발달하고 신경이나 신체에 각종 질환의 후유증으로 인한 기능상 장애가 없어야 하고요.

편 나이 제한도 있나요?

김 18세 이상부터 40세 이하라면 누구나 응시할 수 있어요. 이건 공채의 경우고 특채는 20세 이상 40세 이하면 응시 가능해요. 최근에는 평균 응시연령이 점점 높아지는 추세예요. 예전에는 평균 응시연령이 군대 경력을 포함해서 21~33세까지였는데, 지금은 21~40세까지예요. 응시 상한 연령을 연장해주는 경우도 있는데, 군 복무 기간 1년 미만은 1세, 1년 이상 2년 미만은 2세, 2년 이상은 3세를 연장해주고 있죠.

국회의원 보좌관을 하다가 적성에 안 맞아서 지원하는 분도 있고, 병원에서 간호사나 구급 관련 업무에 종사하다가 지원하는 분들도 있죠. 이와 같은 경력이 있다면 경력 인정을 받을 수 있어요. 예를 들어 군대를 다녀온 남성 국회의원 보좌관의 경우 군대 경력 2년에 공무원 경력 10년을 더해 12년을 인정해서 12호봉부터 시작해요. 경력이 없다면 1호봉부터 시작하는 거고요. 병원에서 근무를 했다면 역시 유사 경력으로 인정해주고요.

편 1년에 몇 회 채용하나요?

김 2014년, 2015년에는 1년에 한 번씩 채용했는데, 2016년에는 서울은 한 번, 경기도는 두 번 채용했어요. 2017년에는 서울에서 정기 시험이 두 번 있었고요. 보통 3월 말에서 4월 중순 사이에 시험 일정이 잡히는 편이에요.

편 한 번에 몇 명 정도 채용하나요?

김 일반 공개경쟁이나 공채는 때에 따라 다르지만 보통 100~120명 정도를 성발하고 있어요. 인력이 부족하다고 해서 한 번에 300명, 400명을 뽑을 수는 없어요. 구급이나 구조 분야는 따로 특별채용을 실시하고 있고요. 소방 인력 증원과 관련해서 문재인 대통령이 일자리 창출 대책을 발표했죠. 현재 법정 기준에 비해서 1만9천 명 가량이 부족하니 소방공무원을 신규 채용하겠다고 공약했고, 법을 통과해서 2018년부터는 채용 횟수도 늘어나고 채용 인원 역시 늘어날 것으로 전망해요.

편 경쟁률은 어떤가요?

김 소방 분야는 특정직이기 때문에 난이도가 일반직 공무원 시험에 비해 높지는 않아요. 경쟁률 역시 낮은 편이고요. 경쟁률이 높지 않은 편이니 소방에 관심이 있다면 도전해보세요. 본인의 의지와 노력만 있다면 좋은 성과가 있을 거라고 생각해요.

이 요즘 경쟁률을 보면 보통 30대 1 정도 하더라고요. 제가 들어올 때는 18대 1 정도였는데 많이 올라갔어요. 그러다 보니 똑똑한 친구들이 많이 들어와서 승진시험을 통해 빨리 승진하기도 하고, 들어와서 근무를 좀 하다가 다른 직렬에 합격하면 바로 떠나는 친구들도 있죠.

편 독학으로도 가능한가요?

김 독학으로도 충분히 가능하겠지만 필기시험 과목 중 소방 관계법규, 소방학개론, 행정법총론 등은 처음 보는 사람들에겐 생소한 학문이라 혼자 공부하기가 까다로울 수 있어요. 전문용어들이 많기 때문에 시간도 많이 걸리고, 이해하기도 쉽지 않죠. 전문 학원을 다니며 배우는 게 준비 기간을 단축하는 데 도움이 될 것 같아요.

이 요즘은 필기시험만 전문 학원의 도움을 받는 것은 아닌 것 같아요. 남자의 경우 체력시험의 난이도가 체대 수준이라고 해요. 불합격하는 사람이 많아 소방관 체력시험을 전문으로 코치하는 학원도 생겨났죠. 기본 체력만으로는 합격이 어려우니 독학할 예정이라면 필기시험만큼 체력검정도 꼼꼼하게 준비해야 해요.

편 공개채용과 경력채용의 차이는 뭔가요?

김 공개채용은 결격사유가 없고 일반적인 신체조건만 갖추면 시험을 치를 수 있는 분야고요. 경력채용은 일정한 자격이나 경력이 있어야 응시가 가능한 분야예요. 구조대원은 특수부대에서 3년 이상 근무한 자로서 하사 이상의 계급으로 1년 이상 근무를 해야 자격이 주어져요.

구급대원은 응급구조사 1급 또는 간호사 자격증이 있어야 하고, 의료 관련 기관에서 2년 이상 응급 의료나 간호 업무를 해 본 사람이어야 하고요. 전산대원은 전산 관련 자격증을 딴 후 2년 이상 전산 실무 경력이 있어야 하며, 통신대원은 통신 관련 자격증을 딴 후 2년 이상 근무한 경력이 있어야 해요. 법무 관련인 경우는 사법연수원을 나왔거나 변호사 시험에 합격한 사람이어야 하죠.

꼭 관련 학과를 졸업해야 하나요?

편 소방관이 되기 위해서는 꼭 관련 학과를 졸업해야 하나요?

김 요즘에는 소방 관련 학과 출신들이 많이 합격하는 편인데요. 여러 대학교에서 소방공학과, 소방방재학과, 소방안전학과 등 소방과 관련된 학과를 많이 개설하고 있어요. 그렇지만 소방 관련 학과를 졸업하지 않더라도 소방관이 될 수 있어요. 단, 이 일이 본인의 적성에 맞아야겠죠. 적성 등을 고려하지 않고 안정적이라는 이유만으로 관심을 갖고 들어오는 분들이 종종 있어요.

그런데 이 일은 체력이 뒷받침되어 주지 않으면 굉장히 힘들고 사람들과의 대면도 많은 일이에요. 남을 위하는 마음과 봉사정신도 필요하고요. 그래서 체력이 좋지 않은 사람, 대민 접촉을 꺼려하며 봉사정신이 결여되어 있는 사람, 조직이나 계급문화에 동화되지 못하는 사람은 어렵게 들어와도 중간에 그만두곤 해요. 그러니 내가 어떤 성향의 사람인지를 먼저 파악해보는 게 좋을 것 같아요.

편 관련 학과에 대해 자세히 알려주세요.

김 지방에 관련 학과가 많이 개설되어 있어요. 4년제 대학교인 가천대학교, 경남대학교, 경일대학교, 대전대학교와 2년제 대학인 경민대학, 강남전문학교, 경북전문대 등에 소방 관련 학과들이 개설되어 있죠. 그밖에 경찰소방학교나 소방전문대학교, 공무원전문대학교에서도 관련 분야 공부를 할 수 있어요. 아무래도 이런 학과들이 더 전문적으로 소방 분야를 가르치고 훈련시키기 때문에 소방관이 되어서도 업무를 하는데 도움이 될 거라고 생각해요.

이 관련 전공을 한다면 소방과 전혀 상관없는 학과를 나온 친구들보다는 선택할 수 있는 길이 많다고 생각해요. 꼭 소방관이 되지 않더라도 전공을 하고 자격증을 가지고 있으면 할 수 있는 일이 많거든요. 예를 들어 현행법상 모든 건물이 증축을 하거나 개축을 할 때는 소방 설비들이 들어가기 위한 검토가 필요해요. 소방안전교육사 자격증이 있다면 소방시설 관리 분야나 소방 교육 분야로도 근무할 수 있겠죠. 또 관련 학과를 졸업하는 것이 남들보다 빨리 출발할 수 있는 발판이 되어줄 수 있어요. 소방 분야를 처음 접하면 낯선 단어들이 많아 어렵게 느껴질 수 있어요. 그런데 전공 공부를 하면서 익숙해지면 시험을 준비하는 게 더 쉬울 거라고 봐요.

그렇다고 비전공자가 무조건 불리하다고 보지는 않아요. 소방 분야만 해도 그 안에 다양한 파트가 있거든요. 저 역시 지금은 심폐소생술 교육을 담당하고 있어요. 그 밖에도 홍보 분야, 예산을 담당하는 회계 분야, 인사 분야, 훈련 분야, 관리 분야가 있죠. 본인이 가진 역량을 발휘하고 공부했던 전공을 살릴 수 있는 기회는 충분해요.

편 경쟁력을 갖추려면 대학교에서 어떤 활동을 하는 게 좋을까요?

김 소방 관련 지식을 많이 익히고, 소방시설 점검 등의 활동을 많이 해본다면 소방대원이 되어서도 일하는데 큰 도움이 될 수 있으리라 생각해요.

이 스쿠버다이빙을 하거나 프레젠테이션 역량을 키우는 것도 도움이 돼요. 또 컴퓨터 프로그램을 잘 다룰 줄 안다면 근무할 수 있는 부서의 폭이 넓어지죠. 소방에는 각종 동아리 모임들이 있어요. 축구부, 야구부, 탁구부 등이 있고, 전국 소방인 경기도 열리는데 이 대회에서 포상을 받으면 소속 기관을 빛나게 하는 직원으로 인정받을 수 있죠. 여러 운동 중 저는 탁구를 추천해요 탁구는 많은 소방관들이 즐겨하는 운동으로 소방관이 되면 선배들로부터 한 번씩은 경기 제의를 받게 되거든요. 선배와의 경기에서 멋진 모습을 보여주면 선배들이 팀을 모집할 때 1순위가 되는 것은 물론 단체생활을 하는데도 많은 도움이 될 것 같아요.

학창시절에는 어떤 준비를 하면 좋을까요?

편 청소년들은 학창시절에 어떤 준비를 하면 좋을까요?

김 책을 많이 읽고, 다양한 경험을 해보며 인문적인 소양을 쌓고, 평소에는 틈틈이 체력단련을 해서 어떠한 체력 측정도 통과할 수 있는 준비를 하면 좋겠어요.

편 공부를 잘해야 하나요?

김 공부를 굉장히 잘할 필요는 없어요. 그러나 1차 필기시험에 합격해야 체력시험이나 면접시험도 볼 수 있으니 너무 못해도 소방관이 되기는 힘들겠죠. 그렇지만 앞서 말했듯이 다른 일반직 공무원 시험보다는 난이도가 높지 않아요. 열심히 노력한다면 누구나 합격할 수 있어요.

편 준비하는 과정에서 가졌던 마음가짐이나 특별했던 본인만의 공부 방법이 있나요?

이 저는 무슨 일이 있어도 포기하지 않겠다고 다짐했어요. 저 같은 경우 경력직 특채에 지원하려고 했기 때문에 소방관이 되기 위해서는 병원 경력 2년이 필요했어요. 병원에서 직장 생활을 하면서 소방관을 준비하는 게 녹록지 않았어요. 열심히 준비했지만 네 번 만에야 합격했죠. 저는 병원 근무가 끝나면 집에 와서 독학으로 공부했어요.

나중에 들어와서 보니 병원에 다니면서 독학으로 공부한 사람은 30명 중에 2명밖에 없더라고요. 나머지는 모두 하던 일을 그만두고 공부만 한 거예요. 저는 그들에 비해 시간도 많지 않았고 근무로 인한 피로도 있었지만 꿈을 위해 독하게 공부했어요. 포기하지 않으면 아직 끝난 게 아니라고들 하잖아요. 몇 번을 떨어져도 좌절하지 않고 뚝심 있게 왔더니 지금 이 길에 서있네요. 여러분도 일단 꿈을 결정했다면 쉽게 포기하지 않았으면 좋겠어요.

소방관이 되기 위해 필요한 자격이 있나요?

편 소방관이 되기 위해 필요한 자격이 있나요?

김 공개채용 응시자는 도로교통법의 규정에 의한 제1종 운전면허 중 보통 또는 대형면허를 소지해야 해요. 특별채용 응시자의 경우 관련 자격이 꼭 있어야 하고요.

이 구급대원은 응급구조사 1급 또는 간호사 자격증을 가지고 해당 분야 2년 이상의 경력이 필요해요. 소방 관련 학과 특채자인 경우 관련학을 전공하고 역시 해당 분야에서 2년 이상의 경력이 필요하고요.

편 그 외에 가점이 되는 자격에는 어떤 것들이 있나요?

김 가산점 제도가 있어서 관련 자격증이 있으면 만점의 1~5%까지 가점을 받을 수 있어요. 자격증과 사무관리 두 분야로 나누어 가점하는데, 양쪽 모두에 해당하는 자격증이 있을 경우 유리한 것 하나에 대해서만 가점해요. 가점이 되는 자격은 굉장히 많은데, 기술자격 분야에는 기술사와 기능장, 항해사, 기관사, 운항사, 조종사, 정비사, 의사, 간호사, 응급구조사, 소방시설관리사 등이 있고 사무관리 분야에는 컴퓨터활용능력 1, 2급이 있어요.

편 학력 제한은 없나요?

김 네. 고등학교만 졸업해도 소방관이 될 수 있어요. 자신의 꿈이 소방관이 확실하다면 빨리 들어오는 것도 좋다고 생각해요. 소방관이란 직업이 계급으로 이루어져 있으니 이른 나이에 진급하기 좋죠. 또 고등학교를 졸업하자마자 시험에 합격한 경우 바로 군대를 가도 상관없고, 대학교에 간다 해도 혜택을 받을 수 있어요. 소방관이 되어서도 계속 공부할 수 있도록 여러 가지 지원을 해주고 있거든요. 예를 들어 일과 학교생활의 병행이 원활하도록 반을 조정해주기도 하죠.

이 산업체위탁교육생으로 경희대학교나 강남대학교, 서울시립대의 소방 관련 학과에 들어가면 일정 금액의 학비 지원을 받을 수 있어요. 금전적인 도움뿐만 아니라 본인의 의지만 있다면 기관의 위탁교육생으로 들어가는 것도 어렵지 않고요. 개인의 발전을 조직의 발전으로 생각하고 배려해주는 분위기로 바뀌고 있으며, 실제로 진학을 희망하는 직원들이 많이 있어요. 연령이나 계급에 상관없이 학력 향상에 관심들이 많더라고요.

외국어를 잘해야 하나요?

편 소방관이 되려면 외국어를 잘해야 하나요?

김 꼭 외국어를 잘할 필요는 없지만 가끔 외국인들과 의사소통을 해야 할 때가 있어요. 제가 구급 보직을 맡고 있을 때 관광객 한 분이 응급상황이 발생했다고 신고해서 출동했어요. 영어로 얘기를 하니 도통 알아들을 수가 없어 일단 응급실로 데려다줬죠. 관광객과 얘기를 나눈 간호사가 얘기하길 이분은 호텔로 데려다 달라고 했는데 병원으로 데려왔다는 거예요. 그래서 좀 머쓱했던 경험이 있는데, 외국어를 잘한다면 이런 경우 도움이 될 수 있겠죠.

이 현장 활동뿐만 아니라 본인의 근무 성적을 받는데도 유리해요. 토익 700점 이상이 되면 자기 평가를 받을 때 가점이 있거든요. 승진시험을 볼 때도 외국어 중 한 개를 선택해서 시험을 볼 수 있으니 잘하면 좋겠죠. 또 가끔 외교부로 파견을 나가는 경우가 있어요. 국빈들이 오면 미리 점검하고 예방하고 확인하는 업무를 하는 청와대 소방대로 지원을 나가는 경우도 있고요. 서울시에서 지원하는 국외 연수도 외국어 능통자가

조건인 경우가 있죠. 이런 경우 외국어를 잘하는 게 도움이 되겠죠.

김 전에 미국 대사관 바로 뒤에 있는 종로소방서에서 근무한 적이 있는데 외국인들이 자주 방문했어요. 특히 미국인들이 소방서를 구경하고 싶다고 많이 찾아왔죠. 저희 중에 영어를 잘하는 친구가 친절하게 설명도 해주고 외국의 소방에 대해 궁금한 것도 물어봤어요. 필수는 아니지만 외국어를 잘하면 이런 식으로도 유용하게 쓸 수는 있을 것 같네요.

소방관이 되기 위해 필요한 자질은 무엇인가요?

편 소방관이 되기 위해 필요한 자질은 무엇인가요?

김 소방관은 강한 체력이 없으면 하기 힘든 일이에요. 본인이 우선 건강하고 체력이 강해야 화재를 진압하고 다른 사람들의 생명을 구하는 일도 할 수 있는 거죠. 불길에 뛰어들 수 있는 용기와 강인한 정신력도 중요해요. 항상 긴박한 순간과 마주하기 때문에 상황대처능력과 신속한 일처리 능력도 필요하고요. 또 다른 사람을 위하는 마음, 희생과 봉사정신이 있어야 하겠죠. 마지막으로 혼자 하는 일이 아니라 동료들과 함께

호흡을 맞춰서 하는 일이니 당연히 협동심도 필요하겠고요.

이 사고 현장을 본 소방관들 중 외상 후 스트레스 장애를 겪는 분들이 있어요. 정서적인 지지와 본인의 마음에 대해 이야기를 나누는 것이 중요하기 때문에 소방 조직 자체에서도 심리치료나 교육을 지속적으로 하고 있죠. 신기한 것은 가장 극한 상황을 목격하는 구조대원의 유병률^{대상 집단에서 특정 상태를 가지고 있는 개체의 수적(數的) 정도를 나타내는 측도}이 가장 낮다는 거예요. 구조대원들은 특수부대 출신들로 특별 채용된 경우가 많은데 건강한 육체에 건강한 정신이 깃든다는 말이 실감나더라고요. 그런 부분을 고려할 때 담대한 마음과 적극성이 중요한 덕목이라고 생각해요.

편 체력이 중요해 보이네요. 소방관들은 평소에 운동을 많이 하나요?

김 화재 현장이나 구조 현장에서 일하다 보면 3~4시간은 기본이고 밤을 꼬박 새우는 경우도 있어요. 당연히 체력이 중요하죠. 그래서 일과 중에 틈틈이 체력단련 시간을 가져요. 쉬는 날에도 개인적으로 피트니스센터에 가거나 등산을 하면서 체력을 기르고 있고요. 그래서 가끔 친구들을 만나면 나이에 비

해 젊고 탄탄한 몸을 가졌다고 부러워해요.

이 출동대원이 아니더라도 분위기 때문인지 점심 시간을 이용해 체력단련실에서 운동하는 직원들이 많아요. 또 1년에 한 번씩 있는 몸짱 소방관 대회에 출전하기 위해 각 소방서는 미리 선수를 뽑아 준비해요. 운동뿐만이 아니라 음식 조절까지 신경을 써서 대회날 보면 프로처럼 보이더라고요. 몸짱 소방관 달력은 연말에 판매해 수익금을 소아 화상 환자에게 기부하고 있어요.

어떤 성격을 가진 사람들이 소방관에 적합한가요?

편 어떤 성격을 가진 사람들이 소방관에 적합한가요?

김 아무래도 계급이 있는 공무원 사회라 분위기가 다소 경직되어 있는 부분이 있어요. 그래도 쾌활하고 명랑한 성격을 가진 후배들이라면 언제든지 환영이에요. 그런 분들이 소방 현장의 처참한 장면을 목격해도 잘 견디는 것 같고요. 독립적인 성향을 가지고 있거나 사람들을 상대하는 게 꺼려지는 분은 좀 힘들 것 같아요. 소방관은 무생물만을 취급하지 않거든요. 항상 사람들과 만나 대화하고 접촉하고 소통을 해야 하는데 다른 사람을 도와주는 게 싫고 개인주의 성향이 강하다면 이 일과는 맞지 않아 보이네요. 타인에게 친절하고, 사람들과 만나는 걸 어려워하지 않는 사람이 이 일에 적합해요.

이 활동적이고 적극적인 사람이 좋을 것 같아요. 그렇다고 얌전하고 조용한 사람은 일하기 어렵다는 것이 아니고요. 얌전하고 꼼꼼한 분들은 소방행정 업무에서 두각을 보이는 경우가 많거든요. 성격보다는 어느 업무든지 적극성이 중요한 것 같아요.

소방관도 유학이 필요한가요?

편 소방관도 유학이 필요한가요?

김 유학은 필요 없어요. 소방관이 된 후 외국에 나가 선진 소방 기술을 배우고 싶다면 소정의 자격을 갖춘 후 외국에 나가 공부할 수 있는 특전을 이용하면 돼요.

소방관이 되면

f i r e f i g h t e r

연봉은 어느 정도인가요?

편 연봉은 어느 정도인가요?

김 소방공무원의 임금 체계는 호봉제이며, 1호봉부터 31호봉까지 있어요. 초임은 소방사 기준으로 월 150만 원 정도 되죠. 150만 원이면 중소기업의 최저 임금도 안 될 것 같은데요. 하지만 기본급에 수당을 더해 받기 때문에 어느 정도는 보전이 돼요. 기본급이 150만 원이고 화재진화수당, 위험수당, 가족수당, 초과근무수당, 휴일근무수당 등 각종 수당이 더해지죠. 수당이 많이 붙을 때는 100만 원 정도가 더해져서 총 250만 원 정도 되는데, 이 금액은 세전 금액이니 세후는 조금 더 적겠네요.

연차가 쌓이고 직급이 올라갈수록 호봉이 올라가면서 연봉도 오르는데요. 2년 차의 경우 기본급에 각종 수당을 합치면 평균 실수령액이 250만 원 이상이고, 연봉으로 따지면 세후 3,000만 원이 넘는다고 보면 돼요. 경찰공무원과 소방공무원은 일이 고되기도 하고 시간 외 근무가 많으며 각종 수당이 많이 붙기 때문에 일방행정직이나 교육행정직 같은 다른 공무원 직렬에 비해 연봉이 높은 편이에요.

계급은 어떻게 구성되어 있나요?

편 소방관의 계급은 어떻게 구성되어 있나요?

김 국가직 11계급과 지방직 10계급으로 이루어져 있어요. 맨처음 시험에 합격하고 교육을 마치면 소방사 시보라는 계급을 받아요. 이때는 아무 직위가 없어요. 그러다가 각 소방서에 배치되어 6개월의 수습 기간을 거치면 비로소 소방사가 되지요. 국가직은 소방사부터 소방교, 소방장, 소방위, 소방경, 소방령, 소방정, 소방준감, 소방감, 소방정감, 소방총감까지 총 11계급이고, 지방직은 지방소방사부터 소방정감까지 총 10계급으로 이루어져 있어요.

편 계급장 모양은 뭘 뜻하는 거예요?

김 육각수와 소방 호스의 모습을 본뜬 거예요.

편 소방정 위로는 다시 모양이 바뀌네요.

김 군인으로 치면 장군이에요. 서울소방학교장이나 서울소방재난본부 과장, 서울종합방재센터 소장이 되는 계급이죠. 소방정감이 되면 서울의 안전을 책임지는 서울소방재난본부장이 되는 거고요.

계급	직위	계급장
소방사 시보	–	
소방사	–	
소방교	–	
소방장	119안전센터 부센터장	
소방위	119안전센터장, 구조대장	
소방경	소방서 담당. 직할센터장, 구조대장	
소방령	소방본부 담당. 서과장	
소방정	소방서장, 시도과장, 지방소방학교장, 중앙소방학교팀장	
소방준감	소방방재청과장, 서울·부산본부과장, 대전·인천·광주·대구 도본부장	
소방감	중앙소방학교장, 부산소방본부장, 소방방재청국장	
소방정감	소방방재청차장, 서울소방방재본부장	
소방총감	소방방재청장	

주기적으로 적성검사나 체력검사를 받나요?

편 주기적으로 적성검사나 체력검사를 받나요?

김 적성검사는 따로 받지 않아요. 체력 측정은 1년에 한 번 실시해서 근무 성적 평정에 반영하고요. 그러니 평소에 건강을 챙기지 않고 체력 관리를 게을리해서는 좋은 점수를 받을 수 없겠죠.

근무 시간은 어떻게 되나요?

편 근무 시간은 어떻게 되나요?

김 근무 시간은 21주기표에 따라 매번 달라져요. 첫 주 월요일부터 금요일까지 5일간 주간 근무, 토요일과 일요일은 비번, 두 번째 주 월요일, 수요일, 금요일은 야간 근무, 화요일, 목요일, 토요일은 비번, 일요일은 24시간 근무, 세 번째 주 월요일, 수요일, 금요일은 비번, 화요일과 목요일은 야간 근무, 토요일은 24시간 근무하는 형태가 21주기예요. 주간 근무 시에는 9시부터 18시까지, 야간 근무 시에는 18시부터 다음날 9시까지, 24시간 근무 시에는 9시부터 다음날 9시까지 근무하죠.

서울은 2조 3교대 근무를 하고 있어요. 1조는 아침 9시부터 18시까지 근무하고, 2조는 18시부터 다음날 9시까지 근무하며, 3조는 비번이에요. 점진적으로는 경찰처럼 4주 2교대 체재로 가지 않을까 생각하는데, 지금은 여러 가지 여건상 실시하지 못하고 있어요. 계획대로 인원이 확충된다면 근무 여건이 더 좋아지지 않을까 생각해요. 처음에는 일반인들과는 다른 근무 체계가 낯설 수도 있지만 조금 지나면 금방 익숙해질 거예요. 불특정 시간에 출동하는 것 역시 힘들 수도 있고

구분	시 간	근무 내용	
		3조 2교대	3조 1교대
주 간	08:45~09:00	교대점검	교대점검
	09:00~10:00 〈교육훈련〉	장비조작훈련	장비조작훈련
	10:00~12:00	일상업무	일상업무
	12:00~13:00	중 식	중 식
	13:00~14:00	일상업무	일상업무
	14:00~16:00 〈교육훈련〉	화재진압훈련, 인명구조훈련, 응급처치훈련	화재진압훈련, 인명구조훈련, 응급처치훈련
	16:00~17:00	일상업무	일상업무
	17:00~17:45	기초체력훈련 (개인능력배양)	기초체력훈련 (개인능력배양)
	17:45~18:00	교대점검	장비점검
야 간	18:00~19:00	일상업무	석 식
	19:00~21:00 〈교육훈련〉	위험예지훈련, 표준작전절차교육 등 (장비조작훈련, 화재진압훈련, 인명구조훈련, 응급처치훈련)	장비조작훈련, 화재진압훈련 등 (장비조작훈련, 화재진압훈련, 인명구조훈련, 응급처치훈련)
	21:00~22:00	기초체력훈련(개인능력배양)	기초체력훈련(개인능력배양)
	21:00~23:00	일상업무	일상업무
	23:00~07:00	야간순찰 및 출동대비	야간순찰 및 출동대비
	07:00~08:00	조 식	조 식
	08:00~08:45	일상업무	일상업무

소방공무원 근무일과표

요. 하지만 이런 것들은 모두 시간이 지나면 자연스럽게 적응될 거라고 봐요.

편 근무 교대는 어떻게 이루어지나요?

김 아침 8시 45분부터 교대 근무자들끼리 장비 점검 및 인수인계를 해요. 가끔 현장에서 활동하는 시간이 길어지기도 하는데 그런 경우 직접 해당 구역에 출동해 현장에서 교대를 할 때도 있어요.

편 휴일에도 일하나요?

김 네. 소방서는 휴일과 상관없이 쉼 없이 돌아가요.

근무 여건은 어떤가요?

편 근무 여건은 어떤가요?

김 서울은 지방에 비해 인원이 많아 일하기가 수월한 편이에요. 그렇지만 지방에 있는 소방공무원의 경우 인원이 적어 3교대를 하면 힘들죠.

편 사무실 환경이나 분위기는 어떤가요?

김 조직이나 팀으로 구성되어 있다 보니 다소 경직된 부분도

있지만, 선배들이 잘 이끌어 주고 후배들도 다들 유쾌해서 분위기가 좋아요. 개인별로 행정 업무를 처리할 수 있도록 1인 1컴퓨터가 갖춰져 있으며, 사무실 외에도 출동이 없을 때 대기할 수 있는 공간이 각 센터마다 마련되어 있어요. 보통 1층에는 사무실이 있고, 2층에는 대기실이나 샤워실과 같은 편의시설이 있죠.

편 복지 여건은 어떤가요?

김 휴가 일수는 1년에 22~23일 정도 되고, 오래 근무하는 경우 장기 재직휴가를 사용할 수 있어요. 서울시에서 제공하는 여러 가지 혜택도 받을 수 있어요. 쉬는 날을 이용해 서울시에서 운영하는 연수원으로 놀러 갈 수도 있고, 업무 제휴가 되어있는 사기업의 콘도도 1년에 한 번 이용이 가능해요. 또한 선택적 복지제도 덕분에 1년에 130만 원 정도를 지원받고 있어요. 자신의 선호와 필요에 의해 130만 원 내에서 문화생활비나 여가생활비, 안경 구입비, 체육 활동비, 여행 경비 등을 지원받을 수 있죠.

편 소방관들은 장비 의존도가 높은 것 같아요.

김 맞아요. 소방관은 장비가 생명이죠. 119안전센터 장비만 해도 몇 백가지나 되고, 인명구조를 우선으로 하는 구조대 같은 경우는 훨씬 더 많아요. 보다 신속하고 안전하게 시민을 구조하기 위해서는 많은 장비를 보유해야 하고, 또 장비를 능숙하게 다루는 훈련이 필요해요.

편 생명과도 같은 장비의 노후화와 인력 부족으로 소방관들의 안전이 위협받고 있다는 기사를 접한 적이 있어요. 현장에서 일하는 분으로서 가장 개선해야 될 점은 무엇인가요?

김 2014년에 국민안전처에서 소방안전교부세라는 세금을 만들었어요. 담뱃값의 10% 정도인 약 118원 정도를 예산으로 편성해 소방청사를 짓거나 노후화된 소방장비, 소방시설을 확충하려고 한 거죠. 1년간 소방에서 쓰는 전체 예산이 4조 1천억 정도 되는데, 소방안전교부세가 4천억 정도니 꽤 큰 금액이에요. 그런데 이 예산을 소방과 관련된 분야에만 사용하지 않고, 도로 확충이나 SOC 사업 등 다른 분야에까지 사용하다 보니 충분하지가 않은 거죠. 그게 가장 먼저 개선되어야 할 점이라고 생각해요.

또 서울의 경우 인원이 많이 충원되어 있지만, 지방은 그렇지가 못해요. 그러다 보니 본연의 업무 이외의 일을 해야 하는 경우도 많다고 해요. 얼마 전 포천 화재 현장에서 구급대원이 화재 현장 업무를 보조하다가 담벼락이 무너져 순직한 사건이 있었죠. 긴급한 현장에 투입되어야 할 대원들이 다른 현장에 출동해버려 정작 위급한 현장으로는 출동하지 못하는 경우도 있었고요. 이런 열악한 상황으로 인해 골든타임을 놓치게 되면 피해는 고스란히 시민들에게 돌아가요. 시민의 생명과 재산 그리고 안전을 위해서는 하루빨리 소방관 증원이 필요해요.

편 지방직에서 국가직으로 전환이 되면 여건이 개선될 거라고 생각하나요?

김 소방 인력이 정말 턱없이 부족해요. 경찰이 11~12만 명정도 되는데, 소방관은 4만 5천 명 정도밖에 되지 않거든요. 10%에 불과하죠. 육상에서 일어나는 모든 재난을 컨트롤하기에는 인원이 너무 부족해서 더 많은 인력을 확충해야 하는데지방자치단체의 인원정원제 등의 문제로 그러지 못하고 있는실정이에요. 국가직으로 전환해 소방관 인력을 확충하고 재난에 효과적으로 대응할 수 있으면 좋겠어요. 문재인 대통령이 2019년부터 국가직으로 전환하겠다고 발표했으니 기대를 한 번 해봐야겠네요.

노동 강도는 어느 정도인가요?

편 노동 강도는 어느 정도인가요?

김 평균 노동 강도는 중상 이상이라고 생각해요. 상황과 환경에 따라 매번 다르지만요. 생활 안전 분야의 업무를 보면 비교적 간단한 일도 많아요. 보통 시민들에게 위협이 되는 고양이나 개를 잡고 가끔씩 뱀이나 벌도 잡아요. 뱀이나 벌에 비해 개를 잡는 게 얼핏 쉬운 일처럼 보일지도 모르겠네요. 하지만 맹견 같은 경우 포획하는 일이 쉽지 않아요. 그렇지만 대체적으로 볼 때 생활 안전 분야의 업무 강도는 화재진압이나 구조에 비해 높지 않죠. 반면 몇 중 추돌 교통사고, 건축물 붕괴, 위험물 화재, 대형 화재 등이 발생하면 현장에 투입되는 순간 노동의 강도는 최고치로 올라가요. 일단 목숨을 내놓아야 할 때가 많으니까요.

정년은 언제까지인가요?

편 정년은 언제까지인가요?

김 현재 정년은 60세까지인데, 앞으로는 공무원 정년을 65세까지 연장하자는 내용이 논의 중에 있어요. 명예퇴직제도가 있어서 정년 전에 퇴직하는 분들도 있죠. 신청 후 심사를 통과하면 현 계급에서 한 계급 승진한 계급을 부여받고 퇴직을 할 수 있어요. 참고로 공무원연금법상 10년 이상 근무를 하면 공무원 연금을 받을 수 있어요. 원래는 20년 이상 근속 시에 연

금 수령이 가능했지만, 2016년에 법이 개정되면서 10년 근속 시에도 연금을 받을 수 있게 되었죠. 그렇다고 10년만 근무하고 퇴직하는 분은 거의 없지만요. 일본의 경우 기업들은 60세가 된 근로자가 65세까지 근무를 원하는 경우 일을 더 할 수 있도록 하는 고령자고용안정법이 시행 중이에요.

직업병이 있나요?

편 직업병이 있나요?

김 아파트나 노래방, 찜질방과 같은 다중이용시설의 비상구가 잠겼다거나 유도등이 켜지지 않는 경우, 또는 장애물이 방치되어 있어 비상시 이용에 어려움이 있다면 건물주나 관리자에게 신분을 알리고 조치를 취하는 게 어떨지 정중히 권하게 돼요. 불행한 참사를 많이 봐서인지 그런 일이 일어나지 않도록 도와드리고 싶고 참견하고 싶어지는 게 직업병이 아닐까 싶네요.

그리고 직업병은 아니지만 소방관으로 일하면서 잘 알게

된 게 있어요. 차를 타고 갈 때 멀리서 연기만 봐도 화재인지 아닌지 알 수 있죠. 또 냄새만 맡아도 음식물 조리로 인한 냄새인지 종이나 플라스틱이 타는 냄새인지 알 수가 있어요. 사이렌 소리가 울리면 소방차인지 경찰차인지 구급차인지 구분할 수도 있고요.

편 외상 후 스트레스나 자살률도 높다고 들었어요.

김 2016년 자료를 보면 5년간 순직한 소방관이 27명, 자살한 소방관이 41명이에요. 소방관 100명 중 한 명은 온종일 죽음을 생각하며 괴로워하고, 40%는 우울증을 앓고 있다고 하고요. 최근 들어 소방관의 자살률이 높아지고 있어요. 현장에서 순직하는 비율보다 자살로 사망하는 경우가 더 많을 정도죠.

그만큼 스트레스 관리가 중요한데요. 외상 후 스트레스를 감소시키기 위해 다양한 연구를 진행하고 있으며, 연구를 통해 얻은 대책을 제도로 만들어 계속해서 시스템을 보완해 나가고 있어요. 또 정기적으로 힐링캠프를 열고 전문 상담사를 배치해 우울감에 시달리거나 스트레스에 취약한 직원들을 상담해주고 있어요. 증세가 심각한 경우 치료를 받도록 도와주고요.

가장 기억에 남는 순간은 언제였나요?

편 소방관 생활을 하면서 가장 기억에 남는 순간은 언제였나요?

김 수많은 화재 현장들 중 아직도 지하에서 발생한 화재 현장에 가면 더 긴장이 돼요. 한번은 지하 주차장에서 차량 화재가 발생했어요. 차량에서 나오는 검은 연기로 한 치 앞도 볼 수가 없었죠. 순간 공포심이 들더니 머리가 멍해지더라고요. 공기도 점점 희박해져 가고, 제 위치가 어딘지 분간도 잘 되지 않

앉죠. 여기서 죽을 수도 있겠단 느낌이 들었는데 그때 선배의 조언이 생각났어요. 천천히 벽을 더듬어 수관을 찾고 그걸 따라 나오라는 거였죠. 그 조언대로 벽을 따라 빛이 보이는 곳까지 왔어요. 대원들의 목소리를 듣고 안도하긴 했지만, 만약 제가 고립되었다면 동료들의 부담이 더 커졌을 거라는 생각도 들었어요.

편 매번 위험한 순간을 마주해야 하는 것이 힘들 것 같아요.

이 많은 소방관들이 정도의 차이는 있겠지만 외상후 스트레스 장애를 겪고 있다고 생각해요. 한번 또는 반복되는 치명적인 사건을 겪은 후에 자신도 모르게 그때 일을 회상하게 되며 불안 증상이 나타나는 거죠. 좋은 것만 봐도 짧은 인생인데 위험한 순간을 지속적으로 마주해야 한다는 게 얼마나 힘들겠어요. 그렇다고 피할 수도 없으니, 심한 경우 전문가와 상담을 한다든지 해서 극복해나가야겠죠.

흔히들 화재를 진압하는 요원들이 위험한 활동을 많이 한다고 생각하지만 개인적으로는 구조대와 구급대가 가장 힘든 일이라고 생각해요. 종로 관내의 한 호텔이 무너져서 철거 공사 중인 인부 2명이 매몰된 사고가 있었어요. 구조대원들은 사고 현장의 잔해를 걷어내며 인부를 찾았죠. 시멘트 잔해가 밑으로 주저앉고 철근은 벽 밖으로 튀어나와 금방이라도 무너져 내릴 것 같은 상황이라 이미 시신이 되어있으리라 추측했지만 입 밖으로 꺼낼 순 없었어요. 근처에 사람이 있으면 짖도록 훈련된 구조견에게 냄새를 맡게 했는데, 시멘트 냄새 때문에 잘 찾지 못하더라고요.

3일 연속 잠도 못자고 인부들을 찾는 구조대원들의 모습이 너무나 안쓰러웠던 기억이 나요. 당시 저는 현장 경험이 많지 않아서 아이들에게 교육할 때 도움이 될까 하고 구조 현장을 보고 있었어요. 마침내 인부 한 분이 발견됐는데 다리가 구부러진 상태였죠. 더는 못 보겠더라고요. 그분의 상처 입은 발을 보는 순간 예전에 출동했던 매몰 현장의 기억이 떠올라 너무 힘들었거든요.

작은 아이가 태권도 학원에 다니는데 학원이 4층이에요. 친구를 초대해 하룻밤 함께 자는 친구 초대의 밤이라는 행사를 한다고 해서 학원에 갔는데 건물의 비상구와 출구를 먼저 찾고 있더라고요. 혹시라도 불이 나면 아이들은 어디로 나가야 하는지, 아래층에서 화재가 발생해 옥상으로 가야 한다면 어느 쪽으로 가야 할지를 계속 생각했어요. 시설을 둘러보곤 아무래도 여기서 하룻밤을 보내다 잘못될 수도 있겠다 싶어 아직 한 번도 행사에 보내지 않았어요. 산후조리원에 들어가서도 비상구 바로 앞에 있는 방을 선택했고요. 원래 불안감이 좀 높았는데 일을 하며 위험한 상황을 자주 접하다 보니 불안감이 더 높아진 것 같아요.

편 긴박한 순간이 되면 사람들은 자기 목숨을 위해 도망을 치게 되잖아요. 가족이어도 목숨을 걸고 누군가를 구하는 건 쉽지 않죠. 그렇지만 소방관들은 본인의 목숨을 담보로 다른 생명을 구하고 있어요. 이 직업을 선택하기 전에도 다른 사람을 위해 희생하는 마음이 있었나요? 아니면 직업을 선택하고 나서 그렇게 바뀌게 되었나요?

김 이 직업을 선택하기 전에는 지금처럼 목숨을 내놓고 남을 도울 수 있을 거라는 생각은 못 했어요. 그런데 이게 변하더라고요. 같이 일하는 분들 모두가 자신의 안위보다도 남을 먼저 생각하는 사람들뿐이잖아요. 그런 분들과 함께 일하다 보니 저도 그렇게 돼버리는 것 같아요. 이젠 사이렌 소리가 울려 복장을 착용하고 현장으로 출동할 준비를 하다 보면 저도 모르게 사명감이 끓어올라요.

이 가슴이 뛴다는 게 맞는 말 같아요.

김 맞아요. 가슴이 뛰면서 저도 모르게 용기가 생겨요. 사실 일반 시민이 누군가를 구하기 위해 불꽃이 활활 타오르는 곳으로 들어가기는 힘들겠죠. 제가 소방관이기 때문에 구해달라는 소리가 들리면 저도 모르게 빨리 사람부터 구해야겠다는 생각이 드는 거죠.

이 동료들과 함께 일하기 때문에 의지가 많이 돼요. 환자를 대할 때도 나 혼자 이 사람을 담당하는 게 아니라 동료와 함께 환자를 돌보고 병원으로 이송한다는 생각에 더 힘이 나요. 만약 제가 사복을 입고 길을 가다 쓰러진 사람을 봤다면, 구급대원 복장을 착용하고 신속하게 대처할 때처럼 적극적으로 행동할 수 있을지는 의문이에요. 아무래도 소방관으로서 동료와 함께 있을 때 더 최선을 다할 것 같아요.

편 남편이 출동을 나가면 긴장되고 걱정도 많을 것 같아요.
김 지금은 만성이 돼서 괜찮을 걸요?

이 큰 불이 났는데 신랑이 비번이라 집에서 쉬고 있다고 하면 다행이라는 생각이 들어요. 가능하면 신랑이 근무하는 소방서 근처에서는 큰 불이 나지 않았으면 하는 마음도 들고요. 지금은 화재를 진압하는 파트에 있으니 구조대에서 일하는 것보다는 낫다는 생각도 해요. 구조대는 가장 끔찍한 현장을 볼 수밖에 없거든요. 그분들에 비하면 덜 힘들다는 생각을 하면서 걱정을 좀 덜어내려 애쓰고 있어요.

현장에 출동해서 난감했던 경험이 있었나요?

편 현장에 출동했는데 난감했던 경험이 있었나요?

이 저희는 같은 소방서에서 근무하게 되면서 처음 만났어요. 같이 근무하던 어느 날, 비가 부슬부슬 내렸는데 집안에 누가 갇혀있는 것 같다는 신고를 받고 출동했어요. 당시 저는 구급대원이었고, 신랑은 구조대원이었죠. 갔더니 여성분이 계셨어요. 집 안에 누가 있는 것 같은데 아무리 문을 두들기고 초인종을 눌러도 대답이 없으니 문을 좀 열어달라고 했어요. 이런 상황에는 문을 부수고 들어간다고 했더니, 문을 부수면 최소 20~30만 원의 수리비용에 든다며 싫다고 하는 거예요. 그럼 열쇠수리공을 부르자고 했는데, 베란다 문을 잠그지 않았으니 옥상에서 로프를 타고 집 안으로 들어가 달라는데 그 순간 너무 화가 나더라고요.

당시는 신랑이 소방사가 된 지 얼마 되지 않았을 때였어요. 보통은 그런 일을 막내가 하기 때문에 저는 더 화가 났죠. 그 집이 11층이었고 비도 왔으니 얼마나 위험하겠어요. 그때 부대장님이 저희도 처자식이 있는 사람인데 이러시면 곤란하다고 말씀해주셨어요. 그런 얘기를 하던 중에 집 안에서 잠자고 있던 사람이 문을 열고 나와서 로프를 탈 일이 없기는 했지만 그런 경우가 그때 한 번 뿐은 아니었어요. 그런 무리한 부탁을 받을 때 난감해요.

김 저희가 할 수 있는 일의 범위를 벗어난 요청을 할 때 많이 난감하죠. 어느 날 새벽에 고양이가 빠졌으니 구해달라는 신고가 들어왔어요. 출동해서 보니 고양이가 환풍구에 떨어져서 울고 있는 게 보였어요. 그런데 환풍구의 깊이가 10m가 넘고 폭도 너무 좁아서 소방관이 들어가기도 힘들어 보였죠. 도저히 구할 수 있는 상황이 아니었어요. 고양이 입장에서 위급한 상황이긴 하지만 소방관 추락 가능성 등의 위험이 상당하여 고양이를 구하기는 힘들다고 양해를 구했어요. 고양이 주인이 그래도 도와달라고 해서 그럼 저희가 들어가서 다쳐도 상관없냐고 물었더니 괜찮대요. 본인이 책임질 테니 일단 들어가서 구해달라고 떼를 쓰더라고요.

날이 밝으면 다시 상황을 보고 결정하자고 돌아왔는데, 다음날 10시쯤 되니 다시 출동 벨이 울렸어요. 고양이를 놔두고 한숨도 못 잤으니, 고양이를 구하지 않으면 가만히 있지 않겠다고 하더라고요. 어제의 상황과 별반 달라진 게 없어서 죄송하지만 저희의 업무 한계를 벗어난 일이라 곤란하다고 다시 한 번 말씀드렸죠. 결국에는 전문 구조대원들을 불러 해결했는데 이런 무리한 요구를 하면 아무리 봉사하는 입장에서도 난감할 수밖에 없어요. 또 구조대는 한 개 서에 한 개 팀만 운영하므로 이런 일로 계속해서 출동을 하다 보면 정작 긴급한 상황이 발생했을 때 신속하고 적절하게 대응하지 못할 수도 있고요.

이런 경우도 있었어요. 신고가 들어왔는데 집에 뭐가 막혔다고 하면서 일단 와달라고 하더라고요. 상황을 자세하게 이야기해야 거기에 맞는 장비를 가지고 갈 수 있으니 자세히 얘기해달라고 했지만 일단 와서 뚫어달라는 거예요. 집에 도착해서 보니 변기가 막혀서 오물이 많이 새어 나왔더라고요. 이런 일은 하수도 관리를 하는 분들께 연락해야 한다고 했더니, 늦은 시간이라 연락이 안 돼서 그러니 온 김에 수관으로 한 번 쏴달라는 거예요.

저희는 화재나 구조출동에 대기해야 하니 이런 일은 좀 기다렸다 내일 아침에 업자를 부르는 게 맞지 않냐고 했더니 화를 내면서 진정을 넣겠다고 엄포를 놓기 시작했어요. 그래서 결국에는 변기를 뚫어줬는데 청소까지 해달라는 거예요. 그런 식으로 억지를 부리고 종을 부리듯이 대하는 사람들이 있어요. 그럴 때 정말 난감하고 힘들어요.

이 저는 이런 경우도 있었어요. 신고를 받고 현장에 도착했는데 구급차가 빨리 오는지 경찰차가 빨리 오는지 테스트를 해봤다는 거예요. 정말 위급한 상황인 분들을 위해 대기해야 하는데 이러시면 안 된다고 했더니 내가 낸 세금인데 뭐 어떠냐고 그러더라고요. 이런 경우 허위신고라 벌금이 최대 200만 원이에요. 허위신고나 공무집행방해로 넘기고 싶었지만 행정 절차라는 게 복잡하기도 하고, 처음이니 그냥 넘기는 경우가 많죠.

또 한 번은 본인이 많이 아프다고 신고하고는 서울에서 부산까지 이송해달라는 분이 있었어요. 저희는 서울을 벗어나면 안 돼요. 단 정말 급한 경우 다니던 병원에서의 진료가 필요하다면 의정부나 일산 정도의 거리는 가기도 해요. 그런데 터무니없이 광주나 부산까지 가자고 하면 정말 곤란하죠. 원래 구급차는 구급의료법에 따라 최단거리에 있는 병원 중 응급환자를 처치할 수 있는 곳으로 가는 게 원칙이에요. 만성질병으로 고생하는 분들은 평소 다니던 병원으로 데려다 달라고 하

는 경우가 많은데 그럴 경우 다음 응급환자에게 피해가 갈 수 있어요. 보통 관내 5개 동에 구급차 한 대가 있는데 구급차 한 대가 출동으로 빠지면 그 관내까지 다른 지역의 구급차가 담당하거든요. 관내에 또 다른 응급상황이 발생한다면 다른 지역의 구급차가 출동할 수밖에 없으니 아무래도 시간이 더 걸릴 수 있죠.

주기적으로 한 달에 한 번씩 응급차를 부르는 분들도 있어요. 그분들이야 편하게 병원까지 가겠지만 저희들은 정말 곤란하죠. 그때마다 이러지 마시라고 말씀을 드리면 알았다고는 하는데 그 약속이 지켜지지는 않아요. 신고가 들어오고 그 분 주소가 찍히면 오늘 병원 가는 날인가보다 하고 출동하죠.

김 또 생각나는 사건이 있는데, 교통사고가 나서 개 한 마리가 다쳤다는 신고를 받았어요. 가보니 주인이 있는 개인 것 같아 동물 케이지에 넣어 데려가려고 하는데 신고한 분이 어떻게 처리할 거냐고 묻더라고요. 일단은 데려가서 응급조치를 한 후 주인이 나타날 경우를 대비해 며칠 동안 데리고 있다가 주인이 나타나지 않으면 동물구조협회에 인계할 거라고 자세하게 설명해드렸죠. 그랬더니 동물병원에 가서 치료를 받아야 하니까 지금 당장 동물병원으로 가자고 하더라고요.

그때가 새벽 두세 시 정도라 열려있는 동물병원을 찾기가 어려웠어요. 당시는 지금처럼 스마트폰이 대중화되지도 않았고요. 그래서 근처에서는 24시간 여는 동물병원을 찾기 힘드니 내일 아침에 데려가겠다고 했죠. 그런데 저희 말을 못 믿겠대요. 본인이 근무하던 곳이 강남구였는데 그곳에 가면 24시간 하는 동물병원이 있으니 그리 가자는 거예요. 그건 곤란하다고 말씀드렸는데도 막무가내로 나와서 결국엔 그 병원까지 갔어요.

사실 가는 건 문제가 아니에요. 문제는 그 사이에 화재나 재난상황이 발생할 경우 현장까지 도착하는데 시간이 더 걸릴 수 있다는 거죠. 급박한 상황에서는 1분 1초가 귀한데 말이에요. 그런 경우 일단 상황을 설명하고 거절해도 이해하지 못하는 분들이 종종 있어요. 안타깝기도 하고, 난처하기도 하고 그렇죠.

편 너무나 비상식적인 행동인데 그 자리에서 거절할 순 없나요?

김 시민들은 소방관들이 각종 재난이나 화재 현장에서 멋진 활약을 펼쳐주길 기대하고 원해요. 위험한 현장뿐만이 아니라 일상생활 속에서 일어나는 어렵고 까다로운 상황들도 해결해주길 바라고요. 엄밀히 따지면 그런 일들은 위급한 상황이 아니니 하지 않아도 되는 일이죠. 그렇지만 봉사한다는 마음으로 해결하기 어렵고, 힘든 일이 아니라면 도와주려고 해요. 무조건 안 된다고 거절하기보다는 해줄 수 있는 건 해주려고 하는데도 막무가내로 요구하는 분들을 만나면 곤란해요.

편 그런 분들이 문제를 제기하거나 이의를 제기하면 불이익을 받게 되나요?

이 강남구와 서초구 지역에서 민원이 특히 많아요. 소방서로 전화해 서장을 찾고, 왜 서비스가 그것밖에 되지 않느냐고 항의하죠. 그럴 때마다 상처받고 좌절하기도 해요. 민원이 들어오면 해당 대원은 시말서와 소명장을 써야 해요. 어떤 상황이었고, 본인이 어떤 대처를 했는지 쓰면, 이 자료를 토대로 구급팀장은 해당 대원을 교육하고요. 또 거기서 끝나는 게 아니라 민원인을 찾아가 죄송하다고 하는 상황도 있죠.

다른 분야로 진출이 가능한가요?

편 다른 분야로 진출이 가능한가요?

김 예전에는 소방관이 되고난 직후 본인의 적성과 맞지 않아 이직을 하는 분들도 있었는데 지금은 그런 경우가 많지 않아요. 보통 한 번 소방관이 되면 퇴직 때까지 이 일을 하죠. 그리고 퇴직 후에도 같은 분야에서 일하고 싶어 하는 분들이 많아요. 그래서 많은 분들이 퇴직 후 소방안전관리자로 일하고 있어요. 소방안전관리자는 건축물의 소방시설에 대한 안전관리 책임자로 1급과 2급으로 나누어져요. 1급은 1급 건축물과 2급 건축물의 소방시설을 모두 관리할 수 있으며, 2급은 2급 건축물의 소방시설을 관리할 수 있어요.

이 소방관으로 근무하면서 소방시설관리사, 소방안전교육사, 위험물기능장 등의 자격증을 취득하고 이 자격으로 퇴직 후에 제2의 직업을 가질 수 있어요. 소방시설관리사는 소방시설의 점검과 정비, 건축물의 소방시설 유지관리와 화기취급 감독 등 화재 예방과 관련된 업무를 주로 수행해요. 소방안전교육사는 영유아, 초등학생, 중학생, 고등학생을 대상으로 소방안전교육을 기획하고 진행하며 평가하는 등의 업무를 수행하고 있어요. 위험물기능장은 위험물 관리와 점검에 대한 최상급 숙련기능을 가지고 현장에서 위험물을 관리하고, 위험물 취급 기능자에 대한 훈련과 지도 및 감독 등의 업무를 수행해요.

나도 소방관

firefighter

소방관 체험

:화재진압

화재신고가 들어왔어요. 소방서에 대기하고 있던 화재진압대원들은 사이렌을 울리며 화재 현장으로 신속하게 출동하죠. 출동하는 사이 모든 대원들은 방화복으로 갈아입고 안전 헬멧과 공기호흡기를 착용해요. 여기서 잠깐, 소방관의 복장을 살

안전 헬멧

무전기

공기호흡기

방열복

방화복

안전화

퍼볼까요?

소방관의 복장은 임무에 따라 다양
한데 화재를 진압하는 소방관은 열을 막
아 내는 방화복과 공기호흡기, 열기와 충
격을 막는 안전 헬멧을 보호 장비로 착용
해요. 고온의 열을 견딜 수 있는 방열복
을 입기도 하고요.

화재 현장에 도착했더니 여러 대의
소방차가 보여요. 그런데 소방차의 모습
이 제각각이네요. 소방차는 여러 종류가
있기 때문이에요. 소방 활동에 쓰이는 차
들은 모두 소방차라고 부르지만 각자 하
는 일은 달라요. 지휘차는 제일 앞에서
화재 현장을 지휘하죠. 무전기와 각종 통
신 장비들이 있어서 현장에 들어간 소방
관들과 연락을 하고 화재상황을 신속하
게 본부에 전달하는 역할을 하고 있어요.

↓ 화재출동

↓ 장비착용

↓ 건물진입

↓ 인명구조
화재진압

↓ 병원이송

구조된 인명은 구급차로 옮겨 구급처치를 하고 병원으로 이송해요. 구조버스는 인명을 구조하는데 사용하는 각종 장비가 실려 있고요. 펌프차는 소방 호스가 있는 차이며, 물탱크차는 펌프차에 물을 공급해주는 차예요. 마지막으로 고가사다리차는 고층 건물에 사다리를 연결해주는 차죠.

현장에 도착한 화재진압대원들은 소방펌프를 연결하여 호스로 소화 약제를 뿌리고, 구조대원들은 건물 안으로 들어가서 미처 대피하지 못한 시민들을 구조해요. 다친 사람이 발생하면 대기하고 있던 구급대는 응급처치를 하면서 신속하게 병원으로 이송해요.

소방관 체험

:인명구조

구조대는 말 그대로 위험에 빠진 사람을 구해주는 일을 해요. 사람이 위험에 빠지는 경우는 다양해요. 사고는 산이나 물 등 어디에서나 발생하니까요. 구조대는 그중에서도 일반적인 인명구조를 담당하고 있어요.

예를 들면 화재진압 시, 교통사고나 붕괴사고 시, 각종 산업 안전사고 시 인명을 구조하는 분들이 바로 구조대죠. 구조대는 생존자를 구해야 하는 중요한 임무를 갖고 있기 때문에 최첨단 장비를 사용하고 있어요.

열화상카메라는 현장에서 위급한 사람을 찾아 구조하거나 불이 난 곳을 확인하는 장비예요. 열화상카메라 덕분에 신속하게 불을 끌 수 있죠. 장애물 절단용 유압장비도 많이 사용되는데, 유압절단기는 차체를 절단하는 데 사용하고, 유압전개기는 절단한 부위 틈새를 벌리는 역할을 해요.

앞서 얘기했듯이 사고는 일반적인 상황에서만 발생하지 않아요. 우리나라는 크고 작은 산이 많아서 수많은 사람들이 등산을 즐기고 있으며, 주말이 되면 서울 근교의 산들은 등산객들로 가득해요. 그만큼 주말에는 산에서 일어나는 사고 건수도 늘어나죠.

산악구조대는 산에서 일어난 사고 발생 시 인명을 구조하고 이송하는 역할을 해요. 이송 시 환자의 부상이 심하지 않으면 두 사람이 어깨에 메고 내려가는데, 빨리 병원으로 이송해야 하는 환자는 소방항공대에 연락해 그들의 도움을 받아요. 소방항공대 헬기가 사고 현장 가까이 오면 소방대원들은 주변

영화상카메라

유압전개기   유압절단기   동력절단기

을 정리해요. 헬기의 프로펠러 바람이 워낙 거세기 때문에 등산객이 근처에 오지 못하도록 안내하고요. 헬기가 착륙하는 것은 아니고 헬기에서 내려온 로프를 들것과 연결해 환자를 올리죠. 그리고 신속하게 병원으로 이송해요.

한강의 안전을 책임지는 수난구조대도 있어요. 주 업무는 수난 인명구조이며, 물놀이 안전사고 예방 교육도 하고 있죠. 대형 재난이 발생하면 현장에 투입되기도 하고요. 여름에는 간혹 물놀이 중 부주의로 인한 사고가 발생하지만, 투신 사고가 많아요. 신고가 접수되면 현장으로 출동하며 물에 들어가기 위해 잠수복으로 갈아입어요. 두 명의 대원이 장비를 갖추고 물에 들어가면 다른 대원은 불빛을 비춰 물에 들어간 대원들이 제대로 수색할 수 있게 도와요. 구조가 이루어지면 대기하고 있던 구급차로 옮겨 심폐소생술을 실시하고 바로 병원으로 이송하죠.

소방관 체험

:생활안전대

화재진압이나 응급구조 외에 시민의 생활 안전 및 위험 제거를 위해 활동하는 소방관들이 있어요. 바로 생활안전대죠. 생활안전대의 업무는 정말 다양해요. 벌집을 제거하는 것부터 고드름 제거, 멧돼지 포획, 반려동물 구하기, 순찰 활동까지 모두 생활안전대에서 하고 있죠. 화재진압이나 응급구조 활동보다 쉬워 보인다고요? 글쎄요. 실제로 겪어본다면 사람을 도와주는 일 중에 편한 일은 없다고 생각할걸요. 특히 벌집을 제거하는 일은 굉장히 위험하죠.

간혹 무리한 요구를 하는 경우도 있고, 그 때문에 실랑이를 하다 보면 정말 힘들기도 하고요. 화재나 응급상황과 마찬가지로 신고가 들어오면 즉시 출동해요. 그리고 문제를 해결하죠. 대형 재난만큼이나 일상생활의 위험을 제거하는 것도 시민의 안전을 지키는 중요한 일이에요.

소방관 업무 엿보기

firefighter

소방 시설의 사용과 점검 방법

소방관이 하는 일은 다양해요. 화재가 발생하면 신속하게 현장으로 출동해 화재를 진압하고 인명을 구조하며, 평소에는 건물의 소방시설을 점검하고 예방하는 활동을 하죠. 몇 가지 소방시설의 사용법과 점검 방법을 알려드릴게요. 오늘 하루 소방관이 되었다고 생각하고 사용법을 익히고 점검 방법을 배워보는 건 어떨까요?

소화기도 소방시설 중 하나인데요. 소화기는 우리 주변에서 흔히 볼 수 있지만 막상 그 사용법을 모르는 사람들이 많아요. 우선 소화기 사용법에 대해 알아봐요. 먼저 소화기를 불이 난 곳으로 옮긴 후 안전핀을 뽑아요. 바람을 등지고 호스를 불쪽으로 향하게 하고, 손잡이를 강하게 눌러 골고루 방사하면 되죠. 어때요? 어렵지 않죠?

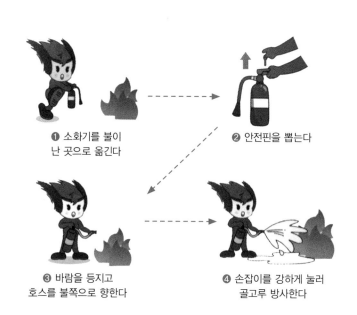

❶ 소화기를 불이
난 곳으로 옮긴다

❷ 안전핀을 뽑는다

❸ 바람을 등지고
호스를 불쪽으로 향한다

❹ 손잡이를 강하게 눌러
골고루 방사한다

사용법을 알아도 정기적으로 소화기를 점검하지 않으면 막상 화재가 발생해도 사용할 수가 없어요. 소화기를 점검하는 방법도 어렵지 않아요. 먼저 소화기를 들고 흔들어 약제가 굳었는지 확인해요. 다음으로 소화기가 사용하기 쉬운 위치(바닥에서 1.5m 이하)에 있는지, 각 실마다 설치되어 있는지, 압력계 지침이 정상인지 확인하죠. 압력계 지침이 녹색(0.7~0.9Mpa)을 가리키면 정상, 노랑색을 가리키면 압력미달, 적색을 가리키면 과충전이라 정비가 필요하단 뜻이에요. 마지막으로 손잡이와 안전핀, 용기 외부가 파손이나 탈락되지 않았는지 확인하면 소화기 점검이 모두 끝나요.

녹색 : 정상

노란색 : 압력미달

월1회 : 흔들어주세요

건물 내부의 복도나 실내의 벽면에 설치된 옥내소화전도 많이 봤을 거예요. 일반 건물은 물론 아파트에도 설치되어 있으니까요. 옥내소화전은 소화를 위해 상수도의 급수관에 설치된 소화호스를 장치하기 위한 시설로 사용 방법은 다음과 같아요. **01**화재가 발생하면 옥내소화전함을 열고 호스와 관창을 꺼내요. **02**연결된 관창과 호스를 화점 부근으로 이동해요. 이때 호스가 꼬이지 않도록 주의하며, 방수 시 수압이 세므로 관창을 꽉 잡아야 해요. **03**옥내소화전 밸브를 열어요. 밸브는 시계 반대 방향으로 돌리며, ON-OFF 방식의 경우 스위치를 별도로 작동시키면 돼요. **04**화점에 방수해 소화해요.

01　　　**02**　　　**03**　　　**04**

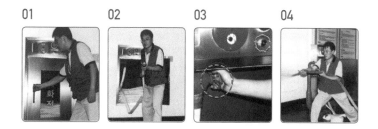

간이스프링클러는 화재 발생 시 물을 뿌려 소화를 시키는 장치로 다중이용시설에는 의무적으로 간이스프링클러를 설치해야 하죠. 점검 방법은 다음과 같아요. 헤드가 누락된 장소는 없는지, 헤드가 단단히 고정되어 있는지, 상수도 급수배관 및 간이스프링클러의 개폐밸브가 개방되어 있는지, 시험밸브함에서 시험밸브를 열었을 때 방수압력이 0.1MPa 이상인지, 상용전원이 상시 공급되고 있는지, 상용전원 차단 시 비상전원으로 전환되어 10분 이상 지속하는지 확인해야 해요.

자동화재 탐지설비는 화재 시 발생하는 열과 연기, 불꽃 등을 자동으로 감지하는 소방시설로 화재가 발생한 경우 수동으로 발신기 스위치를 누르면 경보를 발함으로써 초기소화와 조기피난을 가능하게 해주는 설비예요. 감지기와 발신기(비상

열감지기(차동식)　　　　열감지기(정온식)　　　　연기감지기

벨), 수신기로 구성되는데, 감지기에는 차동식 열감지기와 정온식 열감지기, 연기감지기가 있어요. 탈락되거나 훼손된 감지기가 있는지, 장소에 적합한 감지기가 설치되었는지, 설치가 누락된 곳은 없는지 점검하고 있죠.

발신기는 화재 시 수동으로 누름버튼을 누르면 수신기에 신호를 전달하는 장치예요. 평상시에는 위치표시등만 점등되어 있으며, 점검할 때는 누름버튼을 눌러 주경종과 지구경종이 경보되는지 확인해요.

수신기는 감지기나 발신기로부터 화재신호를 수신하여 화재 발생을 표시하고, 각 층의 음향장치로 화재 발생을 알려주

화재시 발신기 누름버튼을
힘껏 누른다.

◀ 발신기 　　수신기 ▶

는 장치예요. 수신기에서 화재신호를 수동으로 입력하여 수신기의 정상 작동을 확인하는 화재표시 동작시험, 회로별 감지기 선로의 단선 유무를 확인하기 위한 회로도통 시험, 화재 등으로 정전 또는 전원이 차단되어도 수신기가 정상 동작할 수 있는지 확인하는 예비전원 시험을 통해 장치가 제대로 작동하는지 점검하고 있죠.

유도등은 화재 시 피난을 유도하기 위한 등이에요. 항시 점등되고 있는지 점등상태를 확인하고, 점검스위치를 당기거나 눌렀을 때 예비전원으로 자동 전환되는지, 유도등 외관이 파손되지는 않았는지, 노출배선이 금속가공 전선관인지 확인하며 점검하고 있어요.

예비전원 점검스위치　　　　　예비전원 점검버튼

휴대용 비상조명등은 정전이나 비상 시 안전한 피난을 위해 설치된 조명등으로 분실되거나 본체에서 탈락된 것이 없는지, 본체에서 떼었을 때 자동으로 조명이 켜지는지 점검하고 있어요.

휴대용 비상조명등

완강기는 화재가 발생했는데 복도나 계단 등으로 피난이 어려울 때 창문 등을 통해 바로 지상으로 탈출할 수 있게 도와주는 피난기구예요. 일반인들에겐 생소할 수 있으니 완강기 사용법은 사진을 통해 알아볼까요?

완강기는 주위에 위치표시나 사용설명서가 부착되어 있는지, 고정지지대가 바닥과 벽체 등에 단단히 고정되어 있는지, 설치 층의 높이와 설치된 완강기 로프 길이가 일치하는지, 설치장소에 완강기 사용 시 장애요인은 없는지 확인하며 점검해요. 완강기를 사용할 때는 주의해야 할 것이 몇 가지 있는데요. 우선 사용하기 전에 지지대를 흔들어보고 흔들린다면 절대 타서는 안돼요. 그리고 완강기를 탄 후에는 두 팔을 위로 들지 않아야 해요. 하강 중에 두 팔을 위로 올리면 벨트가 빠져 추락의 위험이 있거든요.

❶ 완강기 후크를 고리에 걸고 지지대와 연결 후 나사를 조여요

❷ 창밖으로 줄을 놓고 로프 길이가 적정한지 확인해요

❸ 벨트를 뒤틀림이 없도록 겨드랑이 밑에 걸고 조절링을 이용해 확실히 조여요

❹ 지지대를 창밖으로 향하게 해요

❺ 두 손으로 로프 2개를 잡고 발부터 창밖으로 내밀어요

❻ 몸이 벽에 부딪히지 않도록 벽을 가볍게 손으로 밀면서 내려와요

안전시설 등 세부점검표

다중이용업소의 업주는 영업장에 설치된 안전시설을 매 분기별 1회 이상 점검하고, 그 점검결과서를 1년간 보관해야 해요. 정기점검 미실시 또는 점검표 미보관 시 200만 원 이하의 과태료가 부과될 수 있으니 잊지 말아야겠죠? 안전시설의 작동 여부를 확인하고 〈안전시설 등 세부점검표〉를 작성해야 하는데, 누구나 안전시설을 점검할 수 있는 건 아니에요. 다중이용업주 또는 다중이용업소가 위치한 건물의 소방안전관리자, 종업원 중 소방안전관리자 자격이 있는 자, 소방기술사나 소방설비기사 또는 산업기사 자격을 취득한 자, 소방시설관리업자라야 안전시설을 점검할 자격이 주어지죠.

안전시설 등 세부점검표 (작성 예시)

1. 점검대상

대상명		전화번호		
소재지		주용도		
건물구조		대표자		소방안전관리자

2. 점검사항

점검사항	점검결과	조치사항
① 소화기 또는 자동확산소화기의 외관 점검 • 구획된 실마다 설치되어 있는지 확인 • 약제 응고상태 및 압력게이지 지시침 확인	• 실마다 설치 • 소화기 압력상태 미달	• 소화기 교체
② 간이스프링클러설비 작동기능 점검 • 시험밸브 개방 시 펌프기동, 음향경보 확인 • 헤드의 누수·변형·손상·장애 등 확인	• 펌프, 경보 이상 없음 • 이상 없음	
③ 경보설비 작동기능 점검 • 비상벨설비의 누름스위치, 표시등, 수신기 확인 • 자동화재탐지설비의 감지기, 발신기, 수신기 확인 • 가스누설경보기 정상 작동 여부 확인	• 이상 없음	

점검사항	점검결과	조치사항
④ 피난설비 작동기능 점검 및 외관 점검 • 유도등·유도표지등 부착상태 및 점등상태 확인 • 구획된 실마다 휴대용비상조명등 비치 여부 • 화재신호 시 피난유도선 점등상태 확인	• 부착상태 양호 • 객실에 비치됨 • 점등상태 양호 • 피난기구 설치됨	
⑤ 비상구 관리상태 확인	• 비상구 관리 양호	
⑥ 영업장 내부 피난통로 관리상태 확인 • 영업장 내부 피난통로 상 물건 적치 등 관리상태	• 물건적치 불량	• 적치물건 치움
⑦ 창문(고시원) 관리상태 확인	• 관리상태 양호	
⑧ 영상음향차단장치 작동기능 점검 • 경보설비와 연동 및 수동 작동 여부 점검 (화재신호 시 영상음향 차단되는지 확인)	• 비상벨 작동 시 영상음향 차단됨	
⑨ 누전차단기의 작동 여부 확인	• 전기업체에서 점검 받음	
⑩ 피난안내도 설치 위치 확인	• 각실 부착함	
⑪ 피난안내영상물 상영 여부 확인	• 손님 바뀔 때마다 영상물 상영함	
⑫ 실내장식물·내부구획 재료 교체 여부 확인 • 커튼, 카펫 등 방염선 처리제품 사용 여부 • 합판·목재 방염성능확보 여부 • 내부구획재료 불연재료 사용 여부	• 완공필증 발급 시 확인 완료	
⑬ 방염 소파·의자 사용 여부 확인	• 사용하고 있음	
⑭ 안전시설등 세부점검표 분기별 작성 및 1년간 보관여부	• 보관하고 있음	

화재 예방

화재가 발생했을 때 신속하게 진압하는 것도 중요하지만 무엇보다 중요한 것은 화재가 발생하지 않도록 평소에 화재 예방수칙을 지키는 일이에요. 다 같이 예방수칙을 읽어보며 마음속에 새겨보는 것도 좋겠네요.

전기화재 예방수칙!

1_하나의 콘센트에 여러 개의 전기기구를 꽂지 않고 사용하지 않는 플러그는 빼둬요.

2_과전류 차단장치와 누전차단기를 설치하고 매월 동작 유무를 확인해요.

3_규격 전선을 사용해요. 비닐전선은 용량초과 사용 시 위험이 크므로 반드시 규격 전선을 사용해야 해요.

가스화재 예방수칙!

1_가스 불을 켜기 전에는 가스 냄새가 나는지 확인하고 충분히 환기시켜요.

2_가스를 켤 때는 확실히 불이 붙었는지 확인하도록 해요. 불이 붙지 않은 줄도 모르고 콕크를 계속 열어두면 가스가 새어 위험해요.

3_사용 후에는 점화콕크와 중간밸브를 잠가요. 장시간 영업장을 비워둘 때는 중간밸브나 계량기밸브까지 잠가야 안전해요.

4_평상시에는 호스와 연소기 등 이음새에 비눗물을 발라 가스가 새는지 수시로 점검해요.

화재 발생 시 행동요령

화재가 발생하면 당황해 제대로 생각하기 어려운데요. 지금부터 행동요령을 익혀놓으면 허둥대지 않고 유연하게 대처할 수 있겠죠.

화재 발견자는 우선 불이야! 하고 큰 소리로 외치며 비상벨을 눌러야 해요. 손님이 있다면 대피시킨 후 소방서에 신고하고, 소화기나 옥내소화전을 이용해 초기소화를 해요. 화재신고를 할 때는 침착하게 화재 발생 장소, 주소, 주요 건물, 화재의 종류 등을 상세하게 설명해야 해요. 예를 들어 "여기 불이 났어요. 주소는 서울 행복동 1004번지고요. 행복백화점 맞은편 건물이에요. 3층 노래방에서 불이 났는데, 안에 사람이 있어요." 라고 설명하면 돼요.

화재가 발생하면 건물구조를 알지 못해 당황하거나 겁을 먹게 되어 이성을 잃고 무분별한 행동을 하기 쉬워요. 그러니 건물구조에 익숙한 사람이 있다면 안내원이 되어 피난유도를 하고, 나머지 사람들은 안내원의 지시 또는 통로의 유도등을 따라 낮은 자세로 침착하고 질서 있게 대피해야 해요.

대피하는 중 문이 있다면 문에 손을 대어 뜨겁지 않은지 확인하고 뜨거울 때는 절대로 문을 열지 않아요. 엘리베이터는 통로가 굴뚝 역할을 하고 갇혀서 질식할 수 있으므로 이용하지 않고요. 화재 발생 시 가장 주의해야 할 것이 유독가스와

연기로 인한 질식인데요. 연기 속을 통과하여 대피할 때는 수건 등에 물을 적셔 입과 코를 막고 숨을 짧게 쉬며 낮은 자세로 엎드려 신속하게 대피해야 해요.

불길이 거세고 연기가 심해 대피가 어려울 때도 있어요. 그런 경우 무리하게 통로나 계단으로 대피하기 보다는 문틈을 물에 적신 수건으로 막는 등 안전조치를 취한 후 화기나 연기가 없는 창문을 통해 소리를 지르거나 물건 등을 창밖으로 던져 갇혀 있다는 사실을 외부로 알려야 해요.

연기가 새어들어 오면 낮은 자세로 엎드려 담요나 수건 등에 물을 적셔 입과 코를 막고 짧게 호흡해요. 얼굴이나 팔 등은 화상을 입기 쉬우니 물에 적신 수건 또는 두꺼운 천으로 감싸고요. 또 불에 타기 쉬운 물건에 물을 뿌려 불길의 확산을 지연시키는 것도 좋아요.

아무리 위급한 상황일지라도 반드시 구조된다는 신념을 가지고 기다려야 하며, 창밖으로 뛰어내리거나 불길이 있는데도 함부로 문을 열어서는 안 된다는 걸 기억하세요.

응급처치의 기본사항

뉴스를 보다 보면 간혹 길가에 쓰러진 사람에게 응급처치를 해 목숨을 살렸다거나 의식이 없는 사람에게 심폐소생술을 해 꺼져가던 생명을 살렸다는 소식을 접하는데요. 응급처치는 갑자기 발생한 외상이나 질환에 최소한도의 치료를 행하는 것을 말해요. 이는 환자의 예후와 중요한 관계가 있지만 잘못된 응급처치는 오히려 해가 되기 때문에 정확한 방법을 알아두는 것이 중요해요.

환자의 의식과 호흡 상태를 파악할 것!

1_환자를 수평으로 눕혀 놓고 의식과 호흡, 맥박이 있는지 확인해요.

2_의식을 잃으면 혀로 인해 기도가 막힐 수 있으므로 기도를 확보하고 호흡과 맥박이 없으면 심폐소생술을 시행해요.

3_의식이 없이 호흡할 때나, 인공호흡으로 호흡이 돌아온 경우 토하거나 구강에 분비물이 많아져요. 얼굴을 옆으로 하여 비스듬한 자세를 취해주어 구토물이 잘 배출되도록 해요.

환자의 출혈 상태를 파악하고 지혈할 것!

환자의 출혈 정도를 살펴서 출혈량이 과도할 경우 출혈 부위를 심장보다 높게 위치시켜 과다 출혈을 방지해요.

환자의 손상 부위를 파악할 것!

1_의식이 있는 환자에게는 통증이 느껴지는 부위를 물어봐야 해요.

2_의식이 없는 환자는 육안으로 관찰하고 상처가 있는 부위는 충분히 노출시켜 상처의 범위를 확인해요.

환자를 함부로 움직이지 말 것!

부상 시에는 육안으로 확인되지 않는 부상이 있을 수 있으므로 응급처치를 실시하더라도 부득이 필요한 경우를 제외하고는 크게 움직이지 않도록 해야 해요.

응급처치와 동시에 119, 경찰, 병원 등에 응급구조를 요청할 것!

1_응급처치 시 두 사람이 있다면 한사람이 처치하는 동안 다른 사람은 즉시 구조 연락을 취해야 해요.

2_구조 요청 시 사고 발생지의 위치 및 시간, 사고의 종류, 환자 상태, 부상자 수, 성별, 예측되는 위험 등을 신속하고 명확하게 알려야 해요.

심폐소생술과 자동제세동기의 사용 방법

호흡과 심장이 멎고 4분에서 6분 정도가 경과하면 산소 부족으로 인해 뇌가 손상되어 원상회복되기 어려워요. 그러니 호흡이 없으면 즉시 심폐소생술을 실시하여 심장으로부터 혈액을 보내주는 것이 중요해요.

　　심폐소생술의 기본 순서는 가슴 압박, 기도 유지, 인공호흡 순이에요. 정확한 방법은 다음과 같아요.

심폐소생술

1_양쪽 어깨를 두드리며 "여보세요, 괜찮으세요?" 등의 말을 하여 환자의 몸 움직임, 눈 깜빡임, 대답 등으로 반응을 확인하여 심정지 여부를 판단해요. 반응이 없거나, 호흡이 비정상인 경우 심정지로 판단하죠.

2_환자의 반응이 없으면 즉시 큰 소리로 주변 사람에게 도움을 요청하고, 바로 119에 신고해요. 만약 주위에 자동제세동기가 있다면 자동제세동기를 함께 요청해요.

3_가슴 압박을 시행하는데 성인의 경우 분당 100~120회의 속도와 가슴이 5~6cm 깊이로 눌릴 정도로 강하고 빠르게 압박하며, 압박된 가슴은 완전히 이완되도록 해요.

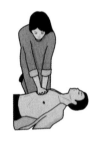

4_환자의 머리를 젖히고 턱을 들어 올려서 환자의 기도를 개방시켜요. 머리를 젖혔던 손의 엄지와 검지로 환자의 코를 잡아서 막고 입을 크게 벌려 환자의 입을 완전히 막은 뒤에 가슴이 올라올 정도로 1초 동안 숨을 불어 넣어요. 숨을 불어넣을 때에는 환자의 가슴이 부풀어 오르는지 눈으로 확인하고, 숨을 불어넣은 후에는 입을 떼고 코도 놓아주어서 공기가 배출되도록 해요. 인공호흡 방법을 모르거나,

꺼려지는 경우에는 인공호흡을 제외하고 지속적으로 가슴 압박만을 시행해요.

5_30회의 가슴 압박과 인공호흡을 119 구급대원이 현장에 도착할 때까지 반복해서 시행해요.

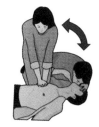

6_가슴 압박과 인공호흡을 계속 반복하던 중에 환자가 소리를 내거나 움직이면, 호흡도 회복되었는지 확인하며 호흡이 회복되었다면 환자를 옆으로 돌려 눕혀 기도

가 막히는 것을 예방해요. 만약 환자의 반응과 정상적인 호흡이 없어지면 심정지가 재발한 것이므로 가슴 압박과 인공호흡을 즉시 다시 시작해요.

흉부압박법

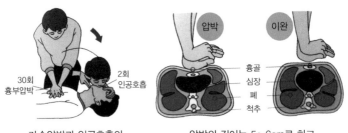

가슴압박과 인공호흡의
비율은 30:2

압박의 길이는 5~6cm로 하고
속도는 100~120회/1분

1_흉부압박 위치는 양측 유두 연결선 중앙으로 잡아요.

2_손과 어깨는 일직선을 유지하고 환자의 가슴과 90°를 유지
하는데, 이때 바닥에 무릎을 꿇는 자세를 취해요.

3_압박 깊이는 성인의 경우 5~6cm가 적당하며 압박 깊이가
적당한지는 1인의 경우 깊이를 관찰하는 방법이 있고, 2인의
경우 한 처치자가 흉부압박을 하는 동안 다른 처치자가 경동
맥을 촉지함으로서 알 수 있어요.

4_흉부압박 후에는 흉벽이 정상위치로 올라오도록 해야 해요. 이때 흉골로부터 손이 완전히 떨어지거나 팔꿈치가 굽혀지지 않도록 주의하며 충분히 떼어줘요.

5_손가락은 깍지를 끼워 손꿈치만 흉부에 닿도록 해요.

자동제세동기 사용 방법

요즘에는 지하철 역사나 공공시설 등에 자동제세동기가 설치된 걸 흔히 볼 수 있어요. 공공보건의료기관, 구급차, 여객 항공기, 공항, 철도객차, 20톤 이상의 선박, 다중이용시설에는 자동제세동기 설치가 의무화되어 있기 때문이죠.

자동제세동기는 심실세동이나 심실빈맥으로 심정지가 되어 있는 환자에게 전기충격을 주어서 심장의 정상 리듬을 가져오게 해주는 도구예요. 의학지식이 부족한 일반인도 쉽게 사용할 수 있도록 만들어져 있으니 누구나 사용 방법만 읽어보면 어렵지 않게 사용할 수 있죠. 방법은 다음과 같아요.

1_전원을 켜요.

2_환자의 상체를 노출시킨 다음에 패드를 부착해요. 한쪽은 우측 쇄골의 바로 아래쪽에 부착하며, 다른 한 쪽은 좌측 유두 바깥쪽 아래의 겨드랑이 중앙선에 부착해요. 각 패드의 표면에 부착 위치가 표시되어 있으니 참고하세요.

3_패드를 부착하면 기계가 심장의 리듬을 자동으로 분석해요. 기계가 심장의 리듬을 분석하는 중에는 환자를 건드리지 않도록 해요.

4_기계의 분석이 끝난 이후 제세동이 필요하다면 기계가 충천 이후 제세동 버튼을 누르라고 해요. 주변 사람 및 구조자가 기계와의 접촉이 없음을 확인한 후에 제세동 버튼을 눌러요.

5_제세동이 필요 없거나 제세동을 시행한 이후에는 즉시 심폐소생술을 시행해요.

6_기계는 자동으로 2분마다 심장 리듬을 분석해요. 기계의 지시를 따르도록 해요.

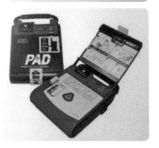

자동제세동기 설치 모습   자동제세동기 예시

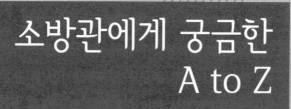

소방관에게 궁금한
A to Z

i r e f i g h t e r

편 화재에도 유형이 나뉜다고 들었어요.

김 화재는 타는 대상에 따라 몇 가지 유형으로 분류할 수 있어요. 건축물이나 구조물 또는 그 안의 물건이 탄 경우는 건축·구조물화재라고 해요. 자동차, 철도 및 견인되는 차량 또는 그 안의 물건이 탄 경우 자동차·철도차량화재라고 하고요. 또 위험물이나 가스를 제조, 저장, 취급하는 곳의 화재는 위험물·가스제조소화재로 분류해요. 들불이나 산불 또는 건축물이 없는 야지에서의 화재는 임야화재로 보고요. 마지막으로 위에 해당하지 않는 모든 화재는 기타화재로 분류해요.

　화재는 일반화재, 유류가스화재, 전기화재, 금속화재로 구분되기도 해요. 일반화재는 나무, 솜, 종이, 고무 등 일반 가연성 물질에 의한 화재를 말해요. 물로 소화가 가능하며 타고 난 후 재가 남는 특징이 있죠. 유류가스화재는 석유, 벙커C유, 타르, 페인트, 가스, LNG, LPG, 도시가스 같은 가스에 의한 화재를 말해요. 가스가 누설되어 연소 및 폭파하여 발생하며, 물 대신 토사나 소화기를 사용해야 해요. 전기화재는 전기 스파크, 단락, 과부하 등으로 전기에너지가 불로 전이되는 것을 말해요. 물을 사용할 경우 감전의 위험이 있으니 특수소화기를 사용해야 하죠. 금속화재는 철분, 마그네슘, 칼륨, 나트륨,

지르코늄 등 금속물질에 의한 화재로 금속가루의 경우 폭발을 동반하기도 해요. 물을 사용할 경우 폭발의 위험이 있으니 특수소화기를 이용해 소화해야 해요.

편 소화기에 쓰여 있는 ABC는 뭔가요?

김 적응성 표시예요. 즉 소화기에 A가 쓰여 있다면 일반화재에 사용해야 하고, B라고 쓰여 있다면 유류가스화재에 적응이 가능해요. C는 전기화재에 적응성이 있다는 의미고요. 건물 복도나 통로 등에 많이 비치되어 있는 소화기는 주로 ABC 분

말소화기이고 질소가스와 인산암모늄 등의 약제가 내부에 축적되어 손잡이를 누르면 발사돼요.

편 소방차에도 여러 가지 종류가 있는 것으로 알고 있어요. 소방차의 종류와 역할에 대해서도 알려주세요.

김 화재 발생 시 제일 앞장서서 현장에 도착해 진화 작업을 실시하는 차가 펌프차예요. 화재진압장비와 구조장비, 생활안전출동장비 등이 실려 있죠. 펌프차 뒤에 위치하며 펌프차에 물을 보수해주는 차가 있어요. 바로 탱크차죠. 또 많이들 아는 구급차가 있어요. 응급환자 발생 시 환자를 신속하게 병원으로 이송하는 역할을 하죠. 각종 구조 현장에 출동해 인명구조 작업을 실시하는 차도 있는데 그걸 구조버스라고 해요. 그런데 구조장비가 너무 크고 다양해 구조버스에 실을 수 없는 장비도 있어요. 그래서 큰 장비를 싣고 이동하는 공작차도 있죠.

굴절차라는 것도 있는데 꼭대기에 요구조자를 실을 수 있는 바스켓이 달려있는 게 특징이에요. 아파트와 같은 고층건물에 갇힌 인명을 구조하는 차도 있어요. 목표지점까지 사다리를 높게 펼쳐 인명을 구조하는 고가사다리차죠. 지하철 화재, 지하상가 화재 등 연기가 많이 발생하는 현장에서 연기를

펌프차

탱크차

구급차

구조버스

Job
Propose 15

공작차

배시키는 배연차도 있어요. 유류화재 등 특수화재에 폼을 사용해 화재를 진압하는 화학차도 있고요. 또 현장의 무전통신과 현장 상황 지휘에 사용되는 지휘차도 있죠.

　야간 붕괴 현장 등 빛이 필요한 곳에 빛을 비춰 작업을 원활하게 도와주는 조연차도 있어요. 조연차는 배연차와 마찬가지로 연기배출 기능을 가지고 있죠. 재난상황이 장시간 이어지는 경우가 많은데, 그럴 때 소방관들을 위해 음식을 지급해주는 재난급식차라는 것도 있어요. 문화재 등에 화재가 발생

소방사다리채(굴절27M)

굴절차

구조사다리

배연차

화학차

지휘차

조연차

Job
Propose 15

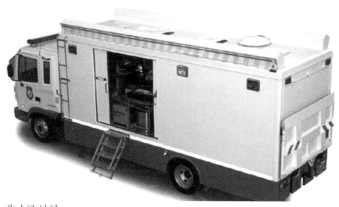

재난급식차

무인방수탑차

했을 때 기와 등을 파괴할 수 있는 장비가 탑재된 미분무살수차라는 것도 있고요. 마지막으로 소방관이 타지 않고서도 운전원의 조작만으로 물을 방수할 수 있는 무인방수탑차라는 게 있어요. 소방차의 종류가 정말 다양하죠?

편 소방관 옷은 불에 안 탄다면서요?

김 예전에는 방수복이라고 해서 원피스 형태의 화재진압복을 입었는데, 물만 막아주는 형태였죠. 그 이후에 검정색 일반 방화복이 지급되었고, 내열 온도는 220도 정도였어요. 그리고

몇 년이 지나 특수방화복이 지급되었는데, 내열 온도가 400도 정도 돼요. 불에 타지 않는 소방관 옷은 아마도 특수화재 진압용으로 제작된 방열복을 말하는 것 같네요. 마치 우주복처럼 생겼고 불에 잘 타지 않도록 특수 설계되었어요. 주로 유류 화재 현장 등 특수한 환경에서 착용하고 작업을 실시하는데, 기동성이 떨어져 특수화재가 아니면 착용하지 않아요.

편 소방관도 음주 측정을 하나요?

김 예전에는 음주 측정을 했던 센터가 있었다고 해요. 한창 공무원 음주운전 사건이 많아 언론에서 보도도 많이 될 때라, 사고를 미연에 방지하기 위해 음주 측정을 하고 술을 마신 경우 집에 돌아가서 쉬다 나오라고 했죠. 그런데 지금은 공식적으로 음주 측정기를 갖춰놓고는 있지만, 출근하면서 측정하는 시스템은 없어요. 다만 공무원들이 음주를 할 경우 징계 수위가 높기 때문에 본인 스스로 술을 많이 마셨을 때는 연가를 내고 집에서 쉬도록 유도하고 있어요.

편 일반 가정집에서 사소한 부주의로 화재가 발생한 경우를 소개해주시고, 예방하는 방법도 알려주세요.

김 가정집에서는 음식물을 조리하다 부주의로 인해 화재가 발생하는 경우가 많아요. 특히 연세가 많으신 어르신들이 음식물을 데우려고 가스레인지 등을 켰다가 깜빡하고 둬서 불을 내는 경우가 왕왕 있어요. 이럴 때는 당황하지 말고 119에 먼저 신고한 다음, 소화기 사용법을 익혔다면 불이 난 곳에 소화기를 터트리면 돼요.

또 전기장판이나 선풍기 등의 전열 기구를 켜놓고 오랜 시간 집을 비워 과열이 일어나거나, 냉장고나 콘센트 등에 먼지

가 쌓여 이것이 전기와 만나 화재가 발생하는 경우도 많아요. 음식물을 조리할 때는 타이머를 맞춰두고, 조리가 끝나면 바로 가스레인지 밸브를 잠가두세요. 장시간 집을 비울 때는 켜놓은 전열 기구가 없는지 살피고, 사용하지 않는 전열 기구는 플러그를 콘센트에서 빼놓으며, 콘센트 주변 청소를 깨끗이 하는 등 기본만 잘 지킨다면 화재가 일어날 일은 없을 거 같네요.

편 소방차가 출동할 때 잘 비켜주지 않는 차도 있는데요. 어떤 해결 방법이 있을까요?

이 화재를 초기에 진압하기 위해서는 골든타임 내에 현장에

Job
Propose 15

도착하는 것이 중요해요. 시민들의 양보가 얼마나 중요한지 알리기 위해 현재 소방차 길 터주기 캠페인을 하고 있어요. 어려서부터 몸에 양보의식이 자리 잡을 수 있도록 학생들을 대상으로 소방안전교육을 지속적으로 실시하고 있고요. 이러한 홍보와 교육으로 상황은 더 좋아질 것으로 예상해요.

우리나라의 경우 소방차 전용 주차구역에 주차를 하거나 진입을 가로막으면 100만 원 이하의 과태료를 부과하고 있으며, 소방차 양보 의무 위반 차량에는 200만 원 이하의 과태료를 부과하고 있어요. 다른 많은 나라에서는 우리나와 비교할 수 없을 만큼의 과중한 과태료를 부과하고 있죠. 과태료 때문이 아니라 소중한 생명과 재산을 지키기 위해 배려하고 양보하는 마음이 자리 잡았으면 좋겠네요.

편 119에 신고할 때 당황해서 제대로 신고가 안 될 수도 있는데요. 신고할 때 꼭 이야기해야 하거나 숙지해야 할 것에 대해 알려주세요.

이 주소를 먼저 얘기하거나 눈에 띄는 큰 건물을 알려주세요. 정확한 주소를 모르더라도 유선전화기로 전화하면 위치까지 확인돼요.

편 불을 내 소방차량이 출동하면 벌금을 내나요?

이 소방차 출동에 따른 벌금 제도는 없어요. 다만, 형법 제 164조 내지 167조 규정에 의한 '방화와 실화의 죄'에 해당하는 경우, 경찰에서 조사하게 되고, 검찰의 기소로 처벌을 받아요.

편 구급환자를 이송하면 요금을 받나요?

이 119구급대는 전국 어느 곳에서나 이송 거리, 환자의 수 등과 관계없이 무료예요.

편 가정에서 화재가 발생한 경우, 가장 먼저 해야 할 일은 어떤 것이 있을까요?

이 큰소리로 '불이야'하고 외쳐 주변에 화재를 알려야 해요. 그리고 안전한 곳으로 대피한 후 119에 신고하세요. 신고를 한 후 소화기 사용법을 알고 있다면 초기소화용구를 사용해야 하죠. 가장 중요한 것은 인명피해가 발생하지 않는 것이니 빨리 대피해야 하고요.

대피할 때는 유독가스에 질식되지 않도록 물에 젖은 수건 등을 이용하여 코와 입을 막고 몸을 낮추고 신속히 대피하되 엘리베이터를 타는 것은 위험해요. 엘리베이터가 굴뚝과 같은 작용을 해서 다른 곳보다 유독가스가 빨리 유입되거든요. 계단을 이용해 신속하게 대피하는데, 아래층에서 화재가 발생했다면 옥상으로, 위층에서 화재가 발생했다면 지상으로 대피해야 해요.

실내에서 화재가 발생했는데 출입구 쪽 불길이 거세 탈출하기 어렵다면 베란다로 이동하세요. 보통 경량칸막이라는 것이 있거든요. 이웃과 인접한 벽을 목재 등의 비교적 쉽게 파괴할 수 있는 소재로 만들어 놓은 벽이니 이걸 부수고 이웃집으로 탈출하면 돼요. 그리고 대피 시에는 문을 닫고 대피하는 것도 중요해요. 만약 화재가 발생한 주택에 문을 닫지 않는다면 산소의 유입으로 급격한 연소가 이루어질 수 있고, 화재에 의한 열기와 유독가스를 차단하지 못해 유독가스가 전 층으로 퍼질 수 있으니까요.

편 구급신고를 한 후, 가장 먼저 해야 할 일은 어떤 것인가요?

이 119구급대는 신고를 받고 출동하면서 신고한 사람에게 전화를 해요. 전화를 잘 받아서 신속한 치료와 이송이 이루어질 수 있게 안내자 역할을 해야 하죠. 또 119의료지도팀이 전문적인 응급처치를 지도하고 매뉴얼을 안내해드리니 그에 따르면 돼요.

편 길에 쓰러져 있는 사람을 보면 즉시 신고해야 하나요?

이 먼저 환자 근처에 위험물질이 있는지, 주변이 위험한 환경인지 살펴본 후 위험요소가 없다고 판단되면 환자의 의식과 호흡 유무를 확인한 후 119에 연락해 구급대의 지시에 따르면 돼요.

편 화상을 입은 경우 신고를 한 뒤 구급대가 오기 전까지 무엇을 해야 하나요?

이 흐르는 차가운 물에 화상 부위를 노출시켜 흡수된 열을 빼주는 것이 중요해요.

편 화상에 좋다는 민간요법은 정말 효과가 있나요?

이 연고나 바셀린, 된장 등을 화상 상처에 바르는 것은 금물이며, 응급상황 발생 시 민간요법보다는 검증된 치료 방법을 선택하시길 권해요.

소방관 김용환 · 이성숙
스토리

f i r e f i g h t e r

STORY

편 어린 시절에 대한 이야기도 궁금해요. 부모님은 어떤 분이셨고, 어린 시절 환경은 어땠나요?

김 저는 전북 군산에서 1남 1녀 중 장남으로 태어났어요. 평생을 성실하게 농사일을 하셨던 아버지와 알뜰하고 자상하신 어머니에게 항상 반듯하며 정직하게 살라는 가르침을 받으며 성장했죠. 부모님의 이러한 교육 덕분인지 지금껏 주변 사람들에게 예의바르다는 말을 많이 들었어요. 또한 부모님의 가르침을 잘 새긴 결과 소방관이 되어서도 누구에게나 친절하게 응대할 수 있게 되었고요.

제가 살았던 고향 마을에는 끝없이 펼쳐진 넓은 들판이 있었어요. 들판이 모두 제 놀이터였죠. 봄여름에는 논에 나가 개구리 잡으면서 놀고, 대나무로 낚싯대를 만들어 강가 주변에서 낚시도 했어요. 그땐 물이 깨끗해서 붕어나 장어, 메기 등이 많이 잡혔죠. 겨울엔 비료 포대 주머니에 짚을 넣어 썰매를 만들고, 언덕 높은 곳에 올라가 눈썰매를 타며 놀았어요. 친구들과 눈싸움도 하고요. 그러다 추워지면 들에 불을 피워놓고 집에서 가져온 고구마를 구워 먹었는데, 꺼진 줄 알았던 불씨가 살아나 논 한쪽에 쌓아 놓은 볏단에 붙은 적이 있어요. 볏단을 전부 다 태워 먹었는데 그때 불이라는 것이 추위를 녹이고 음식을 데워주기도 하지만 정말 무서울 수도 있다는 걸 깨달았죠. 볏짚 주인이 집에 찾아와 아버지에게 항의를 하자 아버지가 무척 화가 나서 저를 많이 혼내셨던 기억이 나네요.

이 어머니는 전업주부셨고 아버지는 교정공무원이셨어요. 소박하지만 부족함 없이 잘 키워주셨죠. 지금 생각해보면 어릴 적부터 고집이 셌고 종종 일탈을 꿈꿨던 것 같아요. 수업 시간에 다른 생각을 많이 했고, 저 혼자만의 상상의 세계 속에서 살기도 했죠. 그런 공상들이 후에 창의적인 아이디어가 필요한 상황이 오면 도움을 주었다고 생각해요.

편 공부는 잘 했나요?
김 공부는 썩 잘하지 못했어요. 부모님께서는 농사 때문에 바쁘셔서 공부는 학교에 맡기다시피 하셨고, 제가 무엇에 흥미가 있고 무엇을 잘하는지는 크게 관심이 없으셨던 거 같아요. 그도 그럴 것이 그때는 먹고살기 정말 힘든 때였으니까요. 농사일만으로도 벅차셨을 거예요. 그래도 대학에는 꼭 보내고 싶으셨나 봐요. 상업고등학교 장학생이 되면 졸업 후 은행에 취직도 하고 돈도 일찍 벌 수 있다는 말에 상업고등학교에 입학하려고 했는데, 부모님은 대학은 꼭 나와야 한다고 하시며 인문계 고등학교를 권하셨죠.

부모님의 설득으로 인문계 고등학교에 진학했고, 처음 1년은 집에서 통학하며 학교생활을 했어요. 그런데 교통이 불편해 공부할 시간이 준다는 이유로 학교 근처에 있는 친척 집에서 통학하게 되었죠. 그런 이유로 집을 떠나왔지만, 공부를 더 하기는커녕 친구들과 어울려 놀다 보니 2년이 훌쩍 지나가 버렸어요. 대학시험을 봤는데 성적에 맞춰서 전공을 결정하다 보니 제가 원했던 과와는 다른 과를 지원하게 되었죠. 합격은 했지만 도저히 적성에 맞지 않을 거 같아 입학을 포기했어요. 1년 더 공부해 이듬해 원하던 법학과에 합격했고요.

이 특별히 잘하고 싶다는 생각이 없었어요. 늘 중간을 목표로 했고 그 목표에 맞춰 적당히 했죠. 그래서 열심히 공부하지 않아도 점수가 잘 나오는 몇 가지 과목만 성적이 높았고 다른 과목은 보통이었어요.

아웃사이더를 자처하는 학생이었어요. 왜 공부를 해야 하고 왜 부모님이나 선생님 말씀을 잘 들어야 하며 왜 나는 여기 있는 건지 생각하는 날이 많았어요. 감수성이 많은 아이였죠. 공부는 적당히 중간 정도만 해도 된다고 생각해서 악착같이 하질 않았어요. 그러다 대학교에 갈 즈음 정신이 든 것 같아요. 어려서부터 그림 솜씨가 있던 터라 여러 대회에 나갔었고 대학에서도 미술을 전공하려고 준비했죠.

편 특별히 좋아했던 과목이 있었나요?

김 세계사와 화학을 좋아했어요. 세계사를 가르치셨던 선생님이 친절해서 좋아하기도 했지만 역사 속에서 인류가 발전해오는 과정이 흥미로웠어요. 어렸을 때 노벨을 무척 좋아해서 관련 책을 읽다 보니 화학에도 관심이 좀 있었어요. 화학 원소기호와 반응식 등은 너무 어려웠지만요.

이 국어나 국사, 윤리, 미술, 체육 같은 과목을 좋아했어요. 중학교 2학년 때는 한동안 소설 쓰기에 빠져 수업 시간마다 공부는 안 하고 소설을 썼어요. 그러던 어느 날 소설 쓰는 걸 담임선생님이 보시고는 빼앗아 가셨어요. 당황해서 일기라고 둘러댔는데, 다 읽어보더니 이게 무슨 일기냐고 하시며 공책으로 머리를 때리고 바닥에 던져버리셨죠. 그 뒤로는 한 번도 안 썼어요.

편 어렸을 때 꿈은 뭐였나요?

김 노벨과 같은 유명한 과학자가 되고 싶었죠. 그때는 무언가 세상을 놀라게 할 엄청난 물건을 만들어보고 싶었거든요.

이 간호사도 되고 싶었다가 선생님이나 화가도 되고 싶었어요. 화가와 결혼해 프랑스로 유학도 가고 평생 그림만 그리고 싶은 적도 있었죠.

편 꿈꾸던 것을 이루고 있다고 생각하세요?

김 100%는 아니지만 어느 정도는 이루었다고 생각해요. 어렸을 때 꿈꿨던 훌륭한 과학자가 되지는 않았지만 선배 소방관들의 모습에 감명을 받아 소방관이 되었고, 지금 살고 있는 이 세상을 안전하고 아름답게 만들어 나가는데 조금이나마 보탬이 된다고 생각하고 있으니까요.

이 많은 사람들이 그렇지만 저 역시 어려서 꿨던 꿈이 자라면서 계속 바뀌었어요. 화가가 되고 싶었지만 그 이후에 다시 소방관이 되고 싶었고 이렇게 소방관이 되어 어려움에 처한 사람들을 돕고 있어요. 이젠 또 다른 꿈을 꾸고 싶네요.

편 학창시절 진로를 어떻게 결정하게 되었나요?

김 주로 부모님 의견을 많이 따랐어요. 부모님 말씀을 잘 듣는 것이 효도라고 생각해서 두 분의 생각을 거역하는 행동은 하지 않았죠. 그래서 부모님의 권유로 인문계 고등학교에 진학해 대학에 가게 되었고요.

이 특기인 미술을 전공할지와 보람 있는 직업인 소방관이 되기 위해 응급구조학을 전공할지에 대해 고민을 좀 했어요. 그런 고민을 하던 즈음 사생대회에 나가 입선을 했는데 제 그림이 1등한 그림 옆에 나란히 걸린 거예요. 그 그림과 비교를 해봤더니 제 길이 미술 쪽은 아닌 것 같다는 생각이 들었고, 더 보람 있는 일을 해보자 마음먹었죠. 그래서 사람들의 건강과 삶을 지켜주는 멋진 직업을 갖고자 응급구조학과에 지원하게 되었어요.

편 대학 졸업 후 바로 이 직업을 가졌나요?

김 대학 졸업할 때 쯤 IMF 경제 위기가 와서 취업하기가 쉽지 않았어요. 교수님이 추천서를 써주시긴 했지만 대부분 영업과 관련된 일이라 내키지가 않았죠. 그렇다고 마냥 부모님에게 손을 벌리긴 싫어서 여러 가지 일을 했어요. 주유소에서도 일해보고, 배달일이나 서빙 같은 일도 했죠. 그런 일들을 하면서 한편으론 소방관의 꿈을 키우며 시험을 준비했어요.

이 소방경력채용시험에 응시하기 위해서는 병원 임상 경험 2년이 필요했어요. 병원에서 5년 정도 일하면서 시험에 합격해 지금까지 일하고 있죠.

편 언제부터 이 직업에 관심이 있었나요?

김 법학과를 다녔다는 이유로 군대 헌병대에서 3년 동안 근무하게 되었어요. 군 생활을 하면서 앞으로 사회에 나가면 무엇을 할 것인지에 대해 심각하게 고민하게 되었죠. 그러던 어느 날 TV에서 〈긴급구조 119〉라는 프로그램을 보게 되었고, 구조 현장을 누비며 종횡무진 활약하는 소방관들을 봤어요. 그 분들의 투철한 직업정신과 희생정신에 깊이 감명받아 소방관이라는 꿈을 품게 되었고, 마침내 2001년 소방관 시험에 합격했어요.

편 진로 선택을 하는데 도움을 준 사람들이 있나요?

김 전공 특성상 많은 선배들이 공직에 진출해 있었는데, 가끔 만나서 이야기를 나누다 보니 공무원이란 직업을 긍정적으로 바라보게 되었어요. 구체적으로 어떤 공무원이 되겠다고 생각한 건 아니고, 공무원의 보수나 복지, 안정성 등에 대해 막연하게 생각하다가 앞서 말씀드린 것처럼 TV 프로그램을 보고 소방관의 꿈을 꾸게 되었죠.

이 1995년 삼풍백화점 붕괴사고 당시 무너진 철근 콘크리트 사이를 누비며 인명을 구조하기 위해 애쓰시던 여러 선배들을 보며 감명을 받아 이 직업에 관심을 가지게 되었어요.

편 직업관을 형성하는데 도움을 준 책이나 영화가 있을까요?

김 소방관의 삶을 다룬 영화는 굉장히 많은데요. 그중에서도 가장 기억에 남는 영화가 있어요. 바로 1991년에 개봉한 론 하워드의 〈분노의 역류〉예요. 순직한 소방관의 아들인 두 형제가 주인공인데, 이들 역시 아버지를 따라 소방관의 길을 걷죠. 두 형제는 성격이 너무 달라 사사건건 부딪히고 서로를 못마땅해 하지만 어떤 사건으로 인해 둘은 마음을 열게 돼요. 뜨거운 불길 속에서 형이 동생에게 "YOU GO! WE GO!"라고 외치던 그 장면이 묵직한 감동으로 다가왔어요. 소방관들의 헌신, 형제애와 동료애를 진하게 그려낸 이 작품을 보며 그 분들의 희생에 감사하는 마음을 갖게 되었죠.

그리고 소다 마사히토 작가의 〈출동 119구조대〉라는 만화책이 있어요. 금방이라도 사람들의 목숨을 앗아갈 것만 같은 재난상황이 주는 긴박감, 일촉즉발의 위기상황에서 재빠른 상황 판단으로 위험에 처한 사람들을 구조하는 소방관들의 활약이 흥미롭기도 하고, 때론 감명 깊게 다가오기도 했어요. 이 책을 보면서 나도 저런 영웅이 되고 싶다고 생각했죠.

이 아만다 리플리가 쓴 〈언씽커블-생존을 위한 재난 재해 보고서〉라는 책을 읽고 많은 생각을 하게 되었어요. 아마도 지금 안전교육파트에서 일하다 보니 더 인상적으로 다가왔겠죠. 이 책은 재난에서 생존한 사람들의 인격과 심리, 정신을 분석해 평범한 사람들이 재난상황에서 어떻게 더 나은 대응 방법을 찾을 수 있을지에 대해 알려주는 실질적이고 본격적인 재난 생존술서예요. 마치 문학작품처럼 흡인력이 넘치고, 다양한 생존 방법을 알기 쉽게 풀어내 잘 익혀둔다면 실제 피할 수 없는 재

Job
Propose 15

난이 닥쳤을 때 활용할 수 있는 부분도 많다고 생각해요.

편 이 분야의 전문가가 되기까지 얼마나 걸리신 건가요?

김 전문가가 되는 길에는 끝이 없다고 생각해요. 위험물이나 화재성상^{화재가 발화하고 성장 그리고 확산 등을 일으키는 화재의 일련관계 또는 메카니즘}, 각 대상별 화재진압 방법 등이 너무 다양하고 복잡해서 어느 정도 경력이 쌓인 지금도 계속 배우고 있는 중이거든요. 화재 현장이라는 것은 매번 다르고 같은 현장에서도 시시각각 변화하는 특성을 가졌기 때문에 정해진 틀이 없어요. 진압도 교본대로 되지 않는 경우가 상당히 많고요. 그러니 교육과 훈련, 경험이 중요할 수밖에 없고, 이 모두에는 끝이 없죠.

이 안전교육 분야에서 7년째 일하고 있어요. 지금 이 일에 만족하지만 소방에도 여러 파트가 있으니 다른 업무도 해보고 싶어요. 다시 구급대원이 돼보는 것도 좋겠고, 화재 현장 업무나 예방 업무도 해보고 싶네요.

편 소방관 시험에 합격한 뒤에, 배치 받은 첫 날 무슨 생각이 들었나요?

김 굉장히 긴장했었던 기억이 나요. 드디어 나의 소방생활이 시작된다는 기대감과 더불어 새로운 생활에 대한 걱정도 조금 있었죠.

이 처음엔 유니폼이 너무 촌스럽다고 생각했어요. 평소엔 입지 않는 주황색 옷이라 혼자 입고 있으면 굉장히 어색했는데 막상 같은 옷을 입고 여럿이 있다 보니 괜찮아지더라고요. 어차피 입어야 하는 유니폼이니 밝은 색이 얼굴을 화사해 보이게 할 거라고 좋게 생각하려고요.

편 자녀가 소방관을 하겠다고 하면 권하실 건가요?

김 소방관이 되고 싶다고 한다면 적극적으로 지원해주고 싶어요. 소방관만큼 보람 있는 직업이 그리 많지는 않을 테니까요.

이 솔직히 말해 저처럼 9급부터 시작하는 게 아니라 중간 계급으로 들어올 수 있는 소방간부후보생이 되어준다면 좋겠다고 생각한 적은 많아요. 워낙 이 일이 좋고 보람을 느끼기에

권해주고 싶은데 아들 둘 다 겁이 많아서 이 일을 원할지는 모
르겠네요.

편 일 외에 관심을 가지고 활동하는 분야나 새롭게 도전해보고 싶은 것이 있나요?

김 암벽 등반에 도전해보고 싶어요. 선배 한 분이 현재 불암산 암벽장에서 교관으로 일하고 있어요. 그곳에 가서 암벽 등반을 해보고 싶네요. 체력을 단련하고 소방관 일을 하는데도 도움이 될 것 같고요.

이 처음 이 일을 시작할 때도 그랬지만 지금도 유기견과 유기묘에 대한 관심이 많아요. 집과 친정에도 유기묘 3마리가 있고요. 동물 보호에 관심이 많아 어쩌다 보니 수락산 캣맘으로도 활동을 했었는데 앞으로도 지속적으로 이런 일들을 하고 싶어요. 또 제 업무가 소방안전교육 분야이다 보니 소방안전교육사 자격증도 취득하고 싶고, 대학원에 진학해 더 전문적으로 공부하고 싶어요. 그런데 아무래도 시간을 많이 뺏길 것 같아 아이들이 조금 더 자라면 시작하려고 잠시 미뤄두고 있어요.

편 소방관으로서 앞으로 어떤 목표를 갖고 있나요?

김 후배들에게 제가 가지고 있는 노하우나 경험들을 많이 알려주고 싶고, 소방관 분야의 전문가가 되기 위해 소방 관련 자격증도 취득하려고 준비 중에 있어요.

이 소방공무원의 세계도 계급사회이다 보니 빠른 승진을 하고 조직에서 빛나기 위해서는 맡은 일을 잘 하는 것 이상의 뭔가가 필요하겠죠. 그렇다고 개인의 삶은 돌보지 않고 일에만 몰두하는 것은 원하지 않아요. 일과 나 자신만의 가치를 찾아가며 사는 것 사이에서 균형점을 찾고 싶어요. 마흔 살이 되어 생애전환기를 맞으니 균형을 맞추는 일이 무엇보다 중요해 보이더라고요. 둘 다 월등히 잘하려고만 하지 않고, 적당히 조율하며 후회하지 않는 삶을 살고 싶어요.

편 마지막으로 소방관을 꿈꾸는 청소년들에게 하고 싶은 말이 있나요?

김 소방관이라는 직업을 가지게 되면 위험한 순간에 직면하는 경우가 많고, 때로는 목숨을 담보로 일해야 하죠. 그만큼 사명감이나 봉사정신이 투철하지 않으면 중간에 포기하는 경우도 종종 있어요. 그렇지만 끈기 있게 이 생활을 하다 보면 어디에서도 맛 볼 수 없는 큰 보람을 느낄 수 있죠. 어려움에 빠진 사람들을 위해 일하는 정말 아름다운 직업이니까요.

소방관은 누구든 마음만 먹고 노력한다면 될 수 있지만 훌륭하고 명예로운 소방관은 아무나 될 수 없죠. 지식과 체력이 좋다고 해서 훌륭한 소방관이 되는 것이 아니라 현장 근무를 통해 차근차근 쌓여진 땀과 동료애, 투철한 봉사정신이 진정으로 훌륭한 소방관을 만든다고 생각해요. 훌륭한 소방관을 꿈꾸고 있다면 주저하지 말고 도전해보세요. 지금껏 상상하지 못했던 고귀한 세계가 여러분을 기다리고 있어요.

이 꿈은 꿈을 가진 사람만이 이룰 수 있어요. 정말 슬픈 건 꿈이 없는 것이죠. 소방관은 나라는 존재 자체를 세상에 꼭 필요한 사람으로 만들어주는 멋진 직업이라고 생각해요. 사람의 생명을 지키는 고귀한 직업이기도 하고요. 저는 그런 아름다운 일을 하고 싶었어요. 소방관이 아니더라도 자신만의 꿈을 갖고 그 꿈을 포기하지 마세요. 포기하지 않는 한 실패한 게 아니니까요. 저 역시 소방관 시험공부를 병원 업무와 병행하면서 세 번이나 시험에 떨어졌지만 포기하지 않았고 네 번째에는 합격할 수 있었죠. 꿈! 꾸세요. 선배로서 응원할게요.

청소년들의 진로와 직업 탐색을 위한
잡프러포즈 시리즈 15

담대하다면
소방관

2018년 5월 14일 | 초판1쇄
2024년 4월 1일 | 초판6쇄

지은이 | 김용환 · 이성숙
펴낸이 | 유윤선
펴낸곳 | 토크쇼

편집인 | 박가영
디자인 | 김경희
마케팅 | 김민영

출판등록 2016년 7월 21일 제2019-000113호
주소 | 서울시 마포구 월드컵북로98, 2층 202호
전화 | 070-4200-0327
팩스 | 070-7966-9327
전자우편 | myys327@gmail.com
ISBN | 979-11-88091-20-1(43190)
정가 | 15,000원